山崎怜奈の言葉のおすそわけ

KOTOBA no OSUSOWAKE
from RENA YAMAZAKI

マガジンハウス

はじめに

Introduction

この本は2021年8月から2022年12月までの、1年4カ月に及ぶ記録だ。連載が始まった頃、私はラジオの帯番組で初の周年を迎えようとしていた。大竹まことさん、クリス智子さん、ナイツの塙宣之さんと土屋伸之さん、赤江珠緒さんといった裏番組のベテランパーソナリティに比べて、私はダントツで人生経験が少ない。加えて趣味が偏っている上に、ミーハー心もほとんどない。誰でも知っているような不朽の名作も、最新の流行も、近い業界にいるエンタメでさえも疎い。「クイズと読書が好きな大卒女子」ではあるが、知っていることは知っているし、知らないことは本当に何も知らない。そんな人間の話を、電波の先にいるリスナーに毎日聴いていただくなんて……。聴取率の数字がいいと、首の皮一枚でつながったような思いになる。時を同じくして、通販番組や報道番組といった未知のジャンルにも携わるようになった。扱う内容もやはり知らないことだらけ。まずはとにかく猛烈にインプットとアウトプットのサイクルを回すしかない。

一方で、私が2022年7月まで所属していた乃木坂46は、数々の興行を打っていた。CDの発売に伴うオンラインイベントを毎週末行い、ライブもほぼ毎月開催していた。全国ツアーや東京ドーム公演、アリーナクラスでのライブ、メンバーの卒業コンサートなど、それぞれ数週間かけてリハーサルを行う。正直ついていくだけで必死で、心身のバランスを崩している余裕もなく、頭が整理されないまま突っ走った。その先にあったのが、グループ史上最大規模の日産スタジアム公演だった。2日間で約14万人を動員したライブは今までで一番大変で、今までで一番、楽しめた。やっと安心して眠れた日、「ここでやめても悔いはないな」という言葉がスッと出てきた。

書籍化を機にこの1年4カ月の記事を読み返してみると、過去の私は、今の私が想像するよりもずっと他人だった。「一生忘れない」と思えた出来事も、今思い出してみて、体験した当時書いたエッセイやツイートと照らし合わせると、細部がだいぶ変わっている。今では考えもしないことを考えていて、今抱えている悩みとは全く違う苦悩を抱えて生きている。記憶とはいい加減で、無意識に都合よく改変できてしまうらしい。きっと私は私自身をよく知らない。いや、憶えていない。感情の鮮度は、どうしても時間には抗《あらが》えない。

しかし、この感情は体験しようと思って体験できるものではない。どんな苦労もいつしか大きな原動力となる。長い人生の中で考えると財産でしかない。だから少しでも当時の気持ちを忘れてしまわないように、何らかの形で残しておきたい。もどかしさとか、辛さとか、やさしい人が差し伸べてくれた手のあたたかさまで、全部忘れずに頑張るために。

周囲の意見に惑わされなければ、以前よりもずっと自由に選択ができる世の中になっている。今は幸い、やるべきことも、やりたいことも目の前にたくさんある。すごく恵まれていることだと思う。最近は休日を作りやすくなったので、原作さえ知らないアニメ映画を観てみたり、サッカーワールドカップを初めて深夜まで追いかけたり、ふらっとひとり旅に出てみたり。自分が納得できる選択を重ね、しっかりと歩むことができたら、見たことのない景色はまだまだ広がっていく気がする。これからも好奇心のままに、つらつらと綴っていきたいと思っています。

ワンピース、ストーンネックレス、コインネックレス（全てMARIHA）

Contents

目次

2021.08.06 Friday

「自分サイズの言葉たち」

　ポジティブは性格ではなく、状態だ。疲れては寝る、を繰り返すだけでは、誰だって心の免疫力が落ちてくる。生活が荒れた状態で、ポジティブに暮らすのはとても難しい。それなのに、生きていると3歩進んで4歩下がることがしょっちゅうだ。整体で骨盤のゆがみを直してもらっても、疲れているときほどソファで寝落ちする。下手したらソファにすらたどり着けず、起きたら床、なんてことも少なくない。生活は自分の手で維持しなくちゃいけないし、時間は容赦なく削られていく。でも本当は、体も、心も、ずっと穏やかでいたい。気づいたら深夜1時、なんて日々からは、卒業したい。

　職業柄、ダンスと歌は必要だからやり始めた。一方で、必要とされなくてもやっていたのが、ノートに書くことと、ラジオを聴くことだった。ラジオは耳元で勝手に喋ってくれるし、聴き逃しても罪悪感がない。誰にも教えていないけど好きな番組にチャンネルを合わせ、イヤホンをするだけで安心する。有名な番組を聴くのも、大部屋の離れたところから盗み聴きしているような気になって、妙にワクワクする。パーソナリティの話を勝手に文字起こしする習慣がつくと、友人との会話も、いいなと思ったら後で書き留めるようになった。それを読み返すのも好きだ。

　思えば学生の頃から、人の話や記憶の断片を、無意識のうちに拾い集めていた。人のためじゃなく、自分が書かずにはいられないから書いていた。以前たまたま美容室で読んだ『Ｈａｎａｋｏ』の言葉をお借りするなら、これらすべてが「いつまでも私らしくいるために自分を高める学びの場」なのだ。

　このコピーが表紙を飾った号では、いろんな人が愛している「豊かさ」の形が、さながらカタログのように並んでいた。しかも、おしゃれすぎる！　ウワア眩しい！　みたいなものだけでなく、ちょっと勇気を出せば手が届きそうなものまでそろっている親切設計。やさしさがしみる……。

〝勉強が楽しい〟。例えばこれも一種の「豊かさ」で、知的好奇心こそが、私の強みなのかもしれない。部屋に新しい風を入れるように、新しい価値観を取り入れると、目には見えないものが整っていくのだ。加えて、生活におけるすべての選択基準は「他人の目にどう映るか」ではなく「自分が幸せになれるか」だと知った。たしかに、一日一日の満足度を上げるだけで、心の栄養不足はびっくりするほど改善される。余裕が生まれて、諦めかけた希望が見えてくる。上手くいかなくても、まあそんな日もあるよねぇと寛大になれるし、人にもやさしくなれる。高価なものを身につけなくても、ささやかな知的好奇心を積み重ねていけば「豊かさ」に結びつくこと、忘れたくない。

　帰り道、さっそく駅前のお花屋さんに立ち寄った。自分の手で一本一本選ぶなんて初めてだったが、花に顔を近づけて息を吸い込むと、香りが心まで広がった気がした。勉強になったなあ。

　今でも、ノートの中で、たくさんの言葉が輝いている。精神治癒力と浸透力のある言葉の数々に、何度も救われてきた。自分でも0から生み出せたらいいのだけど、まずはノートの中身をおすそわけできたら、誰かの心の薬になるかもしれない。

　世の中には面白い本があふれているし、何を書いても全く新しいことは言えない。それでも、焦って取り繕った華やかな文章より、自分の足元をじっと見つめる視点を大事にしたい。誰かを思いやる先にある温度を信じながら、「自分サイズの言葉」も少しずつ探して、進んでいきたい。

2021.08.20 Friday

「分からないを知ること」

「どうしてアイドルになったんですか?」

15歳で今の仕事に就いてから、一番聞かれた質問だ。幼い頃の夢だったのか、芸能界を目指していたのか、誰かに憧れたのか。巷でよく聞く理由はこの三つだが、私は正直「成り行き」と「縁」に恵まれたと思っている。

小学生の頃は、家に帰るやいなや速攻でニンテンドーDSを立ち上げるゲーム魔だった。中学では奨学金ほしさに学年トップに向かって猛勉強。高校に上がったら留学もしてみたかった。普通に恋愛をして、バイトをして、大学のサークル飲みにも行くようになるのかなあと、ぼんやり想像していた。

夜に父がつけていたテレビはニュースかクイズ番組が多かったからか、アイドルなんてほとんど知らなかった。レッスンを受ける。ライブやテレビで笑顔を振りまく。握手会でファンと話す……? 漠然としたイメージしかなかったが、AKBファンのクラスメイトから推しの話を聞くだけで、すでに滅入ってしまいそうだった。すごいなあ、私には絶対向いてないや。心からそう思っていたし、あまりにも自分の生活とかけ離れすぎていた。中学3年生の冬、母が私に黙って乃木坂46のオーディションに応募するまでは。

ソニー・ミュージックから身に覚えのない封書が私宛てで届き、初めて一次審査にエントリーされていると知った。一次審査を通過し、二次審査の指定日時は、２０１３年２月９日(土)９：００。午前中に授業の予定があった。そのまま無視してやり過ごせば受けなくて済んだのに、書かれていた事務所の電話番号に自ら連絡し、時間変更をお願いして受けに行った。きっと、何もやらずにただ諦めるのが嫌だったのだ。母はそれを見越していたのだろう。何でもやってみないと分かんないでしょ! 落ちたっていい経験になるじゃない! と諭されて最後まで受け続けたが、正直どこまで受かっても信じていなかった。あれから8年経った今でも、通知書は全て残してある。

だからこそ、人生は成り行きとご縁でできていて、後から理由をつけているだけのような気がする。とりわけ幼少期までに多く尋ねられる「将来の夢」も、なんとなく雰囲気で返せばいい。だが、今は何でも形に残る時代だ。必要のない嘘はつきたくない。ケーキ屋さん、保育士さん、お花屋さんなどと職業名をあげなければ……と思い込んでいたし、何になりたいか聞かれると急に無口になった。何歳になっても、明確な夢なんて分からない。尊敬する人はたくさんいても、なりたい、とは少し違う。

でも、ときに曖昧さは人生を豊かにする。偶然こうなったおかげで、昔よりも多くを学び、考えさせられた。何より刺激的だったのは、「世の中はまだまだ分からないことだらけなんだ」という体感だった。世界が底なしだと気づくと、無限の可能性を見出せる。勉強の本質は、分かることよりも、分からないことを知ることだ。

ただ、答えのある勉強と違って、この業種はどんなに追求しても正解が存在しない。いくら頑張っても、時には何にも実らないことがある。折れてしまわないよう、自分で自分を騙してきたような気もする。やってみないと分からない。傷ついたって、失うばかりではなく、得られるものもたくさんある。そう思おうとしたとき、体のどこかで、張り詰めていた糸がプツプツと切れていく音がした。

2021.09.03 Friday

「私は、私が選んだ道を」

余白があってこそ、人は豊かに輝く。エンタメはそのために必要で、SNSも時代を照らす要素の一つだ。アイドルとは「キラキラ」を生業《なりわい》としているようなもので、パッと華やぐような光を求められることが多い。だが、学業と両立していた期間は輝く瞬間なんてほとんどなく、極めてインスタ映えしない日々だった。もちろん、偶然の産物だけで進んできたわけはなく、ところどころで意思を持って決めたり、諦めたり、飛び込んだりしてきた。講義、レポートの締切、ライブのリハーサル、握手会、テレビの収録、ラジオの生放送。一日一日が常に倍速再生されている感覚を持ちながら、なるべく学ぼう、良いパフォーマンスをしようと、脇目も振らずに突っ走っていた。満員電車に揺られながら本を読み、朝から昼まで講義を受け、仕事場への移動中には動画を見て、ダンスの振りつけなどを確認する。用を済ませて帰宅したら、家事とレポート課題に手をつけながらラジオを聴き、また次の朝がくる。余白を残さず、ひたすら詰め込んでいた。

随分前から息切れのサインが体に表れていたのに、心はかなり頑固だった。疲れてなんかない。だって、まだ何も成し遂げていないのだから。お前に休憩する余裕はないんだから、いつでも頑張れよ。そういうアクセルの踏み方をしないと追いつけないくらい、とにかく刺激の多いレースだった。かたくなに交戦状態で

いることで、私はまだ大丈夫だと、自分で自分を騙していたような気もする。それを割り引いて考えると、進んできた道が正しかったのかは分からない。何を選んでも正解はなく、どんな道に進んでも何か不足しているように感じる。過去にあったことも、捉え方によって、トラウマになったり財産になったりと、簡単に揺らぐ。かといって、不確実なことが多い社会で、何かに身を委ねたり、誰かと比べずに自信を持ったりするのも難しい。

ただ、これまでに出会った人たちが向けてくれた期待や優しさは、確かなものだった。目を瞑《つぶ》って過去をたどると、助けてくれた人、アドバイスをくれた人、励ましてくれた人の顔が、どんどん浮かんでくる。成り行きとご縁の果てで、「この人が言うなら頑張ってみよう」と思える人たちに出会えたことが、きっと何よりの財産だ。

そもそも、大丈夫じゃないから歩み続けるし、大丈夫になるために手数を打ってきたような気がする。大船に乗ったつもりで、少しでもコンパスの針が向く方へ進んでみる度胸は、学生時代に持っていたはずだ。結果として遠回りになっても、道中でのトライ&エラーを自分の手札の一つにすればいいし、行き着いた先を必ず正解にする必要はないのかもしれない。いつまでも「完璧な大丈夫」がやってこなくたって、私は、私が選んだ道を、最善だったと肯定しよう。落ち込んだときこそ、自分で自分に胸を張って、進むのみだ。ゆっくりしたい日もあるけれど、やっぱりもうちょっとだけ、ジタバタしてみようと思う。

2021.09.17 Friday

「人間ドックで舞う」

帯番組のラジオパーソナリティに決まったとき、私にできることは「健康管理」しか思いつかなかった。当時23歳4カ月、いくら若いとはいえ侮るべきではない。特に大病をしたことがあるわけではないが、私は胃の弱さに定評がある。緊張すると胃の働きが過剰になり、受験や仕事で困難に立ち向かうたびに、大荒れを繰り返してきた。刺激物を回避し、夏でも布団を被り、乳酸菌のタブレットを食べるなど、自分なりにいたわってきた。だが、それで和らぐならとっくに苦しまなくて済んでいるし、実績が伴っていない我が胃に信用はない。だからこそ、ちゃんと調べて、状況を把握する必要がある。そこで、私は人生初の人間ドックを受けることにした。

未知の領域に踏み入るには、まず検査項目を理解することから始まった。コースだけでも9種類、オプションは50種類以上あって、何がどう違うのかパッと見分けがつかない。バリウムか胃カメラ、どちらが適しているのだろう。そもそも標準コースで5万円以上かかるなんて知らなかった……。でも、病院に行ってみないと実態が掴めない気もする。ええい、必要なのは、ノリと勢いだ！　全ての葛藤を押し殺し、財布の口をこじ開けた。正直、私にとってはものすごく大きな買い物だった。

申し込むまでかなり逡巡したくせに、検査当日は言われるがまま着替え、呼ばれるがまま移動していたら、びっくりするほどスムーズに終わった。そこで今回は、先人たちからつらいキツいしんどいと散々脅されていた、バリウム検査のことをご報告しようと思う。

紙コップに入った白濁の液体を、まずは揺らして匂いを嗅いでみた。初めて見たバリウムはとろみがあって、見た目は水溶き片栗粉と相違なかった。いちごやココアなどのフレーバーを選べる病院もあると聞いたことがあったので、ヨーグルト味のプロテインだと思い込んでみたら、意外とすんなり飲めてしまった。このまま舌を肥やさずにいたほうが良いのかもしれない。

検査台がゆっくりと動き始めると、技師は「はーい、いいですね。その調子です。どんどんいきましょう。大丈夫、あなたならできます！」と鼓舞してくれた。ただ、今何を言われても、私は頷くことしかできない。発泡剤で胃を膨らませているせいで、口から空気が抜けてしまいそうなのだ。「遅い、もっと早く動いて！」と急かされても黙りこくったまま、指示通りの前衛的なポーズを披露し続けた。ああ、なんと滑稽な姿だろう。だが、なぜか全く悪い気はせず、むしろどんどんやる気が出てきた。普段ドームやアリーナといった大きなステージで踊っていても特に褒められることはないのに、ひねったり傾いたりするだけでこんなに褒めてもらえるなら、当然もっと応えたくなってくる。ここもステージ、乃木坂46での経験を生かさずしてどうする。先生、ついていきます。

頑張っちゃおうかしらと調子づいた瞬間、検査台は信じられない角度で傾斜していった。何のアトラクション!?　というほどに回転しまくりで、振り落とされないように必死に手すりを掴む。え、何これ。今何してるんだっけ？　頭の中がハテナでいっぱいになり、急に自分を客観視してしまった。だが、私が冷静さを取り戻しつつあるのに反して、先生の熱血指導は止まらない。「次は上半身をもう少し前に出せますか。違う行きすぎ。もう30度くらい左。おー素晴らしい！」いけないいけない、私はパフォーマーとして、要望に応えなければ。ここで脱

落するなんて言語道断。「じゃあ、右に素早く2回、回って。そうです素晴らしい！　さすがです！」……何がさすがなのかは分からなかったが、終わる頃には得も言われぬ達成感で満ちていた。

晴れ晴れとした気持ちで待合室に戻ると、政治ニュースを険しい顔で見ているおじさまや、ウトウトしているおばさまが目に入った。ここにいる人たちは全員あのステージで舞うのか、人間ドックってすごい場所だなあと思った。

そして検査の結果、要経過観察の小さなポリープが見つかった。胃の検査だけでも定期的に受けたほうがいいとのお達しだったので、次回はもっと華麗に、俊敏に舞わなくては。さて、次は何味のバリウムにしようか。

2021.10.01 Friday

「大人版・夏休みの自由研究【前編】」

「何もしなくてもいい日」が突如発生した。番組の準備やアンケートの期限もまだ先、つまり最低限の家事さえしていれば、生活は回る。家事といっても、自分一人分だけの食事を作るとなると途端に手を抜くし、衣類は洗濯機が、床はロボット掃除機が綺麗にしてくれる。むしろ、私が部屋でぐうたらしていようものならロボット掃除機の行く手を阻んでしまう。彼がのびのびと働くためには家主が出ていくべきである。仕方なく外に出ると、いかにも雨が降りそうな、嫌な色をした分厚い雲が空を覆っていた。もうすでに帰りたい……。でも帰ったら掃除の邪魔をしてしまうので、諦めて近所のカフェに向かい、休みの日に何も生産しない罪悪感から逃れるために、持ってきたパソコンを開いた。急な休みを共に過ごしてくれる友人は君だけだよ、とすがるような思いでエッセイを書いてみるけど、こともあろうに全然進まない。

つまり私は、急に休みを与えられてもやることがない、やることを見繕ってもやる気が起きない、という地獄に陥るのだ。趣味と言えるものはあるのだが、それと仕事との隔たりがほとんどないので、結局働き始めてしまう。趣味のつもりでラジオを聴き始めても「今の曲紹介きれいだな～」「この人のエピソードトーク面白いな～」などと感動しているうちに、「私はこんなに中身のある放送をできているだろうか……」と自分の番組への反省会にすり替わってしまう。好きなクイズ番組の録画を観ていても、自分が出演するときにまた同じ問題が出されるかもしれない、と気づいたらノートに書き留めている。浴室にスマホを持ち込み、ベッドに仰向けになっても気づけば本を開いて、それが顔に落ちてくるまで起きている。

最近は横たわって体を休めても、頭が休まっている感覚があまりない。脳内物質がさばかなくちゃいけない日中の情報量が、あまりにも多すぎるのだろう。それに、夜更かしを止めてくれる同居人も、自分を欲してくれるペットもいないので、良くも悪くも常にアクセルをベタ踏みできてしまうのだ。すっかり情報中毒に侵されている。

では、なぜ同時に色々考えてしまうのだろうか？　中断させるにはどうしたらよいのだろうか？　どうしたら寝落ち寸前まで情報を得ようとしなくなるのだろうか？　果たして、私は本当の意味で休めるのだろうか？

休みたいけど、夕方まで寝ると腰が痛くなってしまうし、言いようのない倦怠感で一日を消費したって罪悪感しか残らない。何かしていないと、忙しい日よりもずっと気がおかしくなりそうだ。ならば、仕事を思い出さなくていい作業を見つけて、集中するしかない。私を無限思考ループから救ってくれるのは何だろう。

パッと思い浮かんだのは勉強だったが、せっかくなら外へ出たかったし、ペンを持ったりキーボードを打ったりというといつもの行動を少しでも取ると、また「原稿書かなきゃ！」「番組の準備しなきゃ！」となりそうなので避けたかった。

その時ふと、家では作れない何かを作りたくなった。昔から物を作るのが好きで、小学校の夏休みの自由課題は決まって研究ではなく工作を選んでいたし、開閉式のミニチュアログハウスを作って提出したこともある。大学の夏休みにはシルバーアクセサリーが欲しくなって、指輪型に成形した銀粘土を自宅のコンロで焼成し、バイクいじりで使う本格的な工具を父に借りてひたすら磨いていた。だが、今回は具体的なイメージは特になく、とにかくぼんやりとした物への創作意欲なのだ。

さて、24歳の急な夏休み、一体何を作れば気がおさまるだろうか？

2021.10.15 Friday

「大人版・夏休みの自由研究【中編】」

そういえば、とあるモデルさんが休日に陶芸のワークショップに参加しているのを、Instagramで数日前に見かけた。いかにも丁寧そうな暮らしに憧れて調べてみると、工房は都内の駅から歩いて10分もかからない、アクセスの良い場所に立地していた。陶芸体験ができるのは温泉地や旅行先、というイメージがあったので、身近にできるところがあるなんて知らなかった。そこでせっかくの休みを丁寧に過ごすべく、すぐに工房のホームページを開いて予約を取り、ろくろを挽くことに決めた。

ろくろを「回す」ではなく「挽く」と言うだけで手軽な玄人感が手に入りそうだが、決定的にプロと違うのは、私は作った物には興味がないということだ。かつて旅先でも陶芸教室を訪れたことがあるが、焼き上がった器が家に届いたときも、ろくろを挽いているときほど高揚が持続しなかった。観る番組に密着型が多い「ドキュメンタリーオタク」としては、地位や名声といった結果よりも、そこに至るまでの経緯に関心がある。相手が器であろうと惹かれるポイントに変わりはないので、創作に興味があっても自分が作った物を自分で使ったり眺めたりすることには意味を感じられなかった。結局何を作るか全く思いつかないまま、ワークショップ当日になってしまった。

最寄り駅に着くと、母から「もうすぐ敬老の日だけど、どうするの〜?」というLINEが届いた。誰からも好かれる母は、誰よりも礼節を重んじる。近しい人の誕生日や記念日にはよく贈り物をするし、お世話になっている人に会う前には必ず近所の洋菓子店に立ち寄って、クッキーやサブレなどの詰め合わせを買っていた。それを手渡すところまでの一部始終を私は近くで見て育っているはずなのに、全然いらないものをあげてしまったら迷惑だろうか、相手も気を遣ってしまわないだろうかと人様へのプレゼントに躊躇してしまう。そんなことに悩んでいるうちに仕事に追われて渡すべき日に間に合わなくなるよりは、当たり障りのない物でもちゃんと当日までに渡したほうが気持ちがいいのに。

改めて「敬老の日　プレゼント」と検索してみたところで、父の誕生日のほうが早くやってくるのを思い出してますます焦った。とはいえ、こんなタイミングでろくろを挽くこともないだろうからと、両親へ夫婦茶碗を作ることにした。親孝行に聞こえるけれど、もちろん誕生日プレゼントはまだ買っていなかったし、これから参加するワークショップで作りたい物も思いつかなかったという不純な動機であることを、ここにお詫びしたい。

いいから早く作れよ、という読者の声が聞こえてきそうなので、時を進める。実は私も書きながらそう思っていた。文字に起こすと改めて自覚するが、やっぱり日頃から一つの物事に対してあれこれ考えすぎなのだ。

工房に着くやいなや、壁一面の飾り棚が目に入った。人の気配がなかったのでとりあえず辺りを眺めていると、変わった形ばかりが並んでいることに気づいた。ひょうたんのような形をした一輪挿し、草間彌生を彷彿とさせる水玉模様の花瓶、モチーフがよくわからないオブジェ……こんなにも独創性に満ちあふれた作品に囲まれていながら「お茶碗を作りたくて」とベタなことを言ったら、先生にガッカリされないだろうか。私が何を作ろうとしても先生はプロとしてちゃんと教えてくれるだろう。でも、せめて申し込みフォームの「経験あり/初心者」の欄は、嘘をついてもいいから「初心者」に丸をつけるべきだったかもしれない。

「大人版・夏休みの自由研究【後編】」

2021.11.05 Friday

「こんにちは、お一人ですか？」部屋の奥から顔を覗かせた先生は、いかにも大らかそうな印象を持った人だった。申し込みフォームにしっかり「大人1名」と書いたはずなのに、なぜ、ここにきて改めて一人かと尋ねたのだろう。挙動不審すぎて、陶芸体験に一人で申し込むようには見えなかったのだろうか。

　私のモヤモヤをよそに、体験はサクサクと進んでいった。回転させる粘土は見た目の重量感に反してかなり柔らかく、両手で外から軽く押さえると高さが出て、反対に内から手を添えると口が広がっていく。変わっていく表情を一瞬たりとも見逃さないように、しっかり脇を締めて腰を据え、水分量や圧や摩擦を感じ取り、土の塊に集中する。自分の手で形になっていく喜びだけでなく、強制的なスマホ離れができたのも大きかった。いくら通知が気になったとて、土まみれの手では触れられない。日常的にいろんなことを考えてしまう人とか、無心になりたい人とか、休むのが苦手な人とか、子供の頃に泥団子作りが得意だった人にも向いていると思う。

　内側からの膨らみや輪郭。指が触れたときにできた線を、どれくらい残すのか。手仕事を感じるわずかないびつさが、ちょうどいい具合に私の心を満たす。自分の感覚に集中して、良いところで止めて、もう触らないようにする。それもまた勇気なのだ。決められた範囲の中で創造性を発揮する面白さに、すっかり惚れ込んでしまった。大量生産・大量消費の時代に利便性を追求した結果、淘汰されたものはたくさんある。でも、便利でなくたってこの世から無くならなくていいと思うものがいくつかある。陶芸も、無くならなくていい、いや、無くならないでほしいと願うものの一つである。一つとして同じものはない、表情の異なる器を食材や料理と合わせたり、気分で選んだりしてみる。均一ではないからこそ、使うたびに新しい発見があるし、見るたびに心が反応するのだろう。

「陶芸体験」で体験者が行うのは、粘土を器の形にするまでだった。色付けや火入れといった難しい工程は先生が代行してくれるので、色を選んだところで終了となった。洗い場で手についた泥を洗い落としていると、帰る前にもう一つ作業があると伝えられた。申し込み用紙の空いているスペースに器のイラストを描き、底に彫りたい文字を書いてほしいのだという。父と母それぞれの誕生日を彫って渡せば、唯一無二のプレゼントとして収まりが良い。さっそく〝２０２１．〟と書き始めたら、すかさず「あっ大丈夫ですよ日付はこっちで書くんで！」と言われてしまった。

　これは完全に私の予想だが、先生が書こうとしてくれている日付は、作成した今日の日付だ。さっき初めてお会いした方がうちの両親の誕生日など知る由もなく、奇跡が起こらない限り結婚記念日でもない。何の思い入れもない日付が彫られた夫婦茶碗を贈ることになるのだ。絶対におかしい。意味が分からない。でも先生のご好意はちゃんと受け取らなきゃいけない。だってこんな挙動不審な人間にも親切に教えてくださったのだから。違うんです……入れたい日付が別にあるんです……なんて、とてもじゃないけど言い出せなかった。

「だいたい2カ月後にご連絡しますので、完成を楽しみにお待ちくださいね」教室を後にしてから、先生のその言葉がずっと頭に引っかかっていた。この時点で母の誕生日はとっくに過ぎていたが、父の誕生日が1週間後だから、私は茶碗を作ることにしたのだった。……ん？　2カ月後って言った？

　結局私は、両親にとっても私にとっても何の愛着もない日付が入った夫婦茶碗を作っただけでなく、何の愛着もない日に渡すことになってしまった。突然のプレゼントを純粋に喜んでくれるタイプの相手なら良いのだが、うちの両親は勘がいいので詮索されてもおかしくない。頼むから器をひっくり返して底に彫られた日付を見つけないでほしいし、見つけてしまったとしても、謎の日付を怪しまないでください。

大学時代に知り合った友人は、いつもびっくりするほど優しい。言動の全てに気配りが行き届いていて、目に慈悲深さが刻まれている。とにかく、そこはかとない優しさなのだ。

その人は私がパーソナリティを務めているラジオのリスナーでもあり、番組の内容について放送後に連絡をくれたこともある。数カ月後、偶然その人が好きなバンドの新曲を流すことになったので、今度は私から生放送中に「前に言ってた人の新曲、良いね」と手元の原稿を撮って送ってみた。既読がついても返信は来なかったが、忙しいのだろうと特に気にしなかった。すると、終了直後に「オンエア中は返信送らない方がいいかなと思いまして。笑」という何とも思慮深い一文が届いたのである。もし着信音がオンエアに乗ってしまったらとか、集中を削いでしまったらとか、何にせよこちらの状況を考えた上で「連絡しない」ことを選択してくれた人は、今まで一人もいなかった。打った文字を消して、頃合いを見計らってもう一度打ち直してくれたのかもしれない。その人の人間力を感じると共に、曲を流している間とはいえ脊髄反射的に連絡してしまった自分の軽率さを恥じる出来事だった。

そして私はもう一つ、その人と接するようになって気づいたことがある。優しい人は、感情が揺らぎそうになった時ほど黙って距離を置こうとするし、滅多に心を開かない。その人の不調を察して連絡をしても、向こうから返事が戻ってくるときは決まって「大丈夫になった」という事後報告だ。私だけではなく、何人かいる共通の知人の誰も知らないうちに、一人で抱えて、一人で決断して、一人で解決しようとする。

優しいと思っていたあの行動は、優しくあろうと努めた行動だった。誰からも好かれる柔らかな笑顔は、弱さを悟られないための頑なな笑顔だった。そうすることで、今まで経験してきた数々のことを自分の内側で片付けて、他者への優しさに変換してきたのかもしれない。だからずっと「優しい人」だし、無理をさせてしまっている自分も悪いのだけど、孤独や弱さを秘めた圧倒的な優しさに、何度も救われていることは忘れたくない。そしてその優しさを、私は守りたいと思った。

新型コロナウイルスの蔓延を境に、その人とはなかなか会えなくなってしまった。また会える日まで、そしてその先も、私はパーソナリティとしてマイクの前に座り続ける。生放送は編集を通らずにそのまま電波に乗ってしまうので、それをほぼ毎日やっていくということは、裸の心を晒《さら》しているようなものだ。顔が見えないからといって良く思われようとするのは無駄だが、顔が見えないからこそ互いを想い、信頼を築けることもある。そう信じて、ＳＮＳで本音を小出しにするのではなく、言いたいことはラジオの中で言うようになった。どうしようもない現実にくすぶったり、どうでもいい話に声が出なくなるほど笑ったりもしている。誰にも理解されないだろうと思って打ち明けた偏愛にリスナーが共感してくれると、エンジンがかかって自分でも知らない自分の妙な一面が露わになる。そんな放送を聴かれていると思うと、なんだか恥ずかしい。

本当は今も、話すことが時々怖くなる。ありのままでいることは恐ろしくない。言葉をうまく組み合わせないと許されない社会が恐ろしいのだ。正しさばかりを追求してはいられないし、気の利いた言葉は口にできない。

では、「何を喋るのかが知性で、何を喋らないのかが品性」という名言めいた誰かのセリフが真実なのだとしたら。喋りを仕事にしている自分は、どんな状況であっても言葉選びをおろそかにしない姿勢に品性を宿らせたい。その願いはいつか、その人や、その人のような思慮深く優しくあろうと努めている人の心を、少しでも守ることができるだろうか。

2021.11.19 Friday

「優しさとコトバのこと」

2021.12.03 Friday

「うまく言えない」

今は生放送のラジオでもありのままで話すことができるようになったけれど、昔は言いたいことを上手く伝えられない子供だった。感情が湧き上がっても一旦表に出すか出さないかの取捨選択を挟むし、表に出そうとしても当てはまる言葉が見つからない。黙々と考えているせいで、黙っていることすら忘れてしまったこともあると思う。今でも瞬間的に怒鳴ったり泣いたりする人は素直ですごいなと思っているし、カリカリしている人が近くにいると、勝手に圧を食らって疲れてしまう。

一番どうしたら良いのか分からなかったのが、親戚の集まりだった。久しぶりの再会にテンションが上がり、アルコールでさらに良い気分になった大人たちの中では、子供というだけで存在が浮く。幼い自分の一挙手一投足にすぐリアクションが飛んできて、ニコッとするとまたいじられる。集まっている人たちというよりもその状況が苦手だったので、時が経つのを黙って待っていた。母曰く、そんな無愛想な私を見た祖母からは、精神的な疾患を疑われたこともあったという。

小学校生活の序盤で唯一仲良くなれた子が転校してからは、とにかく波風を立てずに生きることに徹した。2年ごとにクラス替えが行われると、教室ではすぐに女の子たちがグループを作り始める。その群れでは秘密を共有することが信頼の担保となり、どこかから話が漏れると犯人探しが始まる。確証のない噂もすぐに広まり、後から訂正した真実に価値はない。「絶対誰にも言わないでね」という毎度おなじみの軽すぎる約束を押しつけられるたびに、人の業《ごう》みたいなものに過敏になり、自由に身動きが取れなくなってしまった。適切な対処方法が分からないまま、みんなが好きそうなマンガを頑張って読んでみたり、本心と違っても多数派の意見に賛同したり、嫌味を言われても「そうだよね」「ごめんごめん」と中途半端なリアクションをしてやり過ごしながら、ちゃんと友達になれているかなあ、大丈夫かなあと様子を窺った。だがそれも長くは続かず、やっとの思いで言い返したら「気が強い」と揶揄されて、もっと落ち込んだ。

強烈ないじめを受けていたわけではないけれど、何かの拍子になじめていないことを感じるたびに、人と一緒にいる自信がなくなった。でも逃げ出すほどの勇気はなくて、わざと遠回りしたり、公園で時間を潰したりしながら、結局学校にたどりつけなかった日もあった。重たいランドセルと気疲れを背負って通学路をトボトボと歩きながら、やっぱり変われないよな、仕方ないよなと、不甲斐ない自分に諦めの判を押した。仲が良い母にさえ言いたいことが言えなくなった時期には、持っていたガラケーをへし折って部屋の隅に投げてしまったこともある。真っ二つになった機械とへこんだ壁を見て、自分にもこんなに荒々しい一面があるのかとびっくりしてしまった。今思うと、あれが人生唯一の、一瞬の反抗期だった。

普段のテンションがほぼ一定だからこそ、感情的になった自分がどうなるか分からない。だから、毒を吐きたくなくて溜めて溜めてピークに達してあふれて、思わず鋭い言葉が口をついて出てしまってから、どうしてあんなことを言ってしまったんだろうと落ち込む、その繰り返しだった。思わぬ形で相手を怒らせたり傷つけたりしてしまうことに怯える一方で、ひとりでいる気楽さを覚えていった。人の顔色を窺うこともない。誰かの好き嫌いに合わせる必要もない。言葉の裏に隠された本音に、惑わされることもない。でも、安定しているように見せているだけで、心はいつも揺らいでいた。

とにかく安心したかった。安らげる場所はどこにあるのだろう。

「かつての私が残した過去問たち」

2021.12.17 Friday

これまで、場の空気にのまれる経験をたくさんしてきた。実は反対したかったこと、嫌だったこと、好きだったこと。言ってしまったら周りの空気を壊してしまいそうで、自分の内側にたくさんの本音を追いやった。数え切れないほどの不可抗力に絶望して、負の感情を味わうたびにモヤモヤしていた。心をすり減らされて、時間まで奪われているのに、のまれた側だけが耐えて結局何も解決しないなんて、やるせない。

そこで、うまくかわすにはどうしたら良かったのか、考えるようになった。面倒に向き合いつつ、今後への対策を練っておく。それは実践ありきの貴重な副産物だし、むしろ回収しないともったいない。

かといって、頭の中だけでやろうとしたら、プシューと音を立てて湯気が出そうになった。頭一つでさばくには複雑すぎる。だから、ほとぼりが冷めた真夜中にノートを開いて、何がどうだったのかを静かに振り返る時間を作った。

書く作業には二つの作用がある。一つは自己整理、もう一つは、くすぶる念のお焚き上げみたいな作用だ。どうして殺気立っているのか、どうして落ち込んでいるのか、どうして迷っているのかなどと、心のゆらぎを簡潔に言語化しながら、ノートに箇条書きすることにした。ずーっと自分を見つめ直すことは、正直しん

どい。それでも、あるがままを否定すると前に進めない。だから、知恵の輪のように絡まってしまった脳内を、少しずつほどいてみることにした。すると、平静を保てなくなってしまった原因と経緯が見えてきて、光が差したような気がした。

　私は、自分の中で迷子になった時、書くことによって現在地を確認してきたのだ。感情を細かく言語化できる人はストレス耐性が高いという研究もあるらしく、たしかに噂や仮説に怯えなくなったし、外部からの刺激に機嫌を左右されることもなくなった。そして、人から何かを教わったり、仕事のアイデアを思いついた時も、同じノートに書き込むようになった。安らげる場所は、紙の上だった。

　過去の自分が書いたノートは、すべて残してある。読み返すと、不条理をしっかり真正面から食らっているのが、あまりに不器用で抱きしめたくなった。鋭利な感情は鋭利なまま、過去に取り憑かれ、未来が見えない内容が多かった。生き辛さを抱えたまま、どうにか冷静に現状を分析して、どうするべきか問うていた。

　そうして残された過去問たちのおかげで、負のループからの脱出方法がいくつか身についている。あの夜、もう頑張れなくなった私のために綴った言葉は、今も私の心強い味方だ。

　とはいえ、安らげる場所が、紙の上のままだけで良いとも思っていない。そもそも、安心できる存在が、場所なのか人なのかモノなのか概念なのか、今でもよく分からずにいる。でも、あれやりたい、これやりたいであふれている日常には、空気にのまれる側の私はもういない。

2022.01.07 Friday

「根拠のない自信」

２０２１年は、葛根湯と栄養ドリンクを買いに走るところから始まった。原因は、私の体温調整が甘かったことにある。我が家は備え付けのエアコンとデスクの位置との相性が悪く、座っていると首すじに生ぬるい風が当たって気が散るし、乾燥も気になるのでどうしてもリモコンに手が伸びない。夏だろうと冬だろうと私の中でエアコンは存在しないことになっているので、部屋の中では厚手の部屋着にレッグウォーマーを穿き、毛布を羽織って湯たんぽを抱く、これが冬の定番スタイルになっている。全身が毛足の長いブラウンの布に包まれている姿はさながら山から下りてきた熊のようだが、とにかく寒さを凌ぐのが急務なのだから家に帰ってまでルックスを気にしていられない。先人たちから受け継いだ昔ながらの手法を駆使すれば、電気に頼らずとも寒さを凌げるでしょう……という根拠のない自信が通用せず、しっかり身震いしながら気合いと根性で迎えた新年、次の冬はコタツを買うと固く決意した。

年始の風邪はすぐに治ったものの、体力勝負はしばらく続いた。感覚的には「戦った」というよりも、深い深い渦の中でジタバタしていたという表現に近い。平日は決まった時間にFMラジオの生放送をしており、前後の時間でフリートークのネタを拾ったり、ニュースを見たり、次のゲストに合わせた準備をする。事前にインタビュー記事や著書を拝読する一方で、しれっと自分も本を出した。原稿のやり取り自体がそもそも初めてだったが、発売してからもコロナ禍で書店巡りやイベントができなかったので、Amazonの販売ページを何度も更新してレビューを読んだ。そうすることで、自分の名前で出された本が世の中に存在するということが、やっと実感として得られたのだ。

ラジオの準備も執筆も静かに内省していく仕事だからか、普段から落ち着いた所作や話し方をするようになったし、そういう自分でいることもしっくりきてい

る。

ただその結果、初めて座長を務めるライブの前夜に「そのテンションでMCをするつもりなら違う人がやるべき」と演出家さんからお叱りを受けた。ライブの盛り上がりを私のMCで落ち着かせてどうする。当日はどうにか元気さを絞り出そうとしたら、声は裏返るわ最初の挨拶を飛ばすわで本来あるまじき姿をお見せしてしまったが、少しは改善できていただろうか……。

あれから一年。あっという間に2022年になり、すでに今シーズンのコタツ販売は終盤を迎え、お一人様でも使える小さいサイズは軒並み完売していた。今、私は懲りずにまた同じ手法で冬を越そうとしている。相変わらず暖房をつけず、着込める限りの布を着込んで、正月休みを襲う強烈な大寒波に立ち向かっている。アホすぎる。暖房つければ良いのに。

でも根拠のない自信を持つことこそ、私のようなゴールがない仕事をしている人には大切なのかもしれない。むしろゴールが来ないように手持ちの駒でやりくりしていかないといけないのに、自分ではどうにもならないことも多い。そんな時、まずは「できるできる大丈夫」といった言葉を呪文のように自分に言い聞かせて、なんとかなると思うことにした。当たり前だが、ブツブツつぶやくだけでぼんやり明後日の方角を見るのではない。その呪文を現実にするための努力をベタベタ上塗りしていくから、方向性を見直したり、微調整したり、ときには都合の良い解釈をして、なんとかしていくことができるのだ。

仕事が充実する傍ら、「私はどんどんおめでたい人間になってしまうのでは?」という危機感は常に差し迫ってくるけれど、昨年いろんな試練をちょっとずつ乗り越えてきた自分を、少しだけ信じてみたい。

私は手にコンプレックスがある。全体的に白くて丸みがあり、グーにするとクリームパンみたいだ。指尖球、母指球といった、手のひらをぱっと開いたときに盛り上がる部分にもちゃんと厚みがある。そして手が大きい割に、手相がシンプルすぎる。「手相は皮膚のシワ」と言ってしまえば終いなのだが、雑誌で手相の特集を見かけるとどうも気になってしまう。だが結局、特徴的な線は自分の手のひらにはひとつも見当たらないし、占い師さんに直接見せたときも特に言及されなかった。大学の試験期間になると芯の出ていないシャーペンの先端で頭脳線をなぞっていたくせに、手相なんてその日の肌の乾き具合とかでめちゃくちゃ変わりそうだよな、などと可愛くないことを思っているからいけないのだ。それにしても、手のひらに刻まれたいびつな曲線を見ただけで色々と分かってしまう人もいるなんて、何度考えてもゾッとする。

子供っぽさの残る丸い爪もあまり好きではない。ツヤがあってシュッとした形の爪に憧れて、ネイルサロンで整えてもらったこともある。その指で何をするのかというと、料理をしたり、お化粧をしたり、洗濯物を畳んだりと、ただ日常生活を続けるだけなのだが、ふとした瞬間に整った指先が目に入るたびに、特有のちゅるんとした立体感にうっとりしてしまう。でも、キーボードを打つたびにカチャカチャと爪先だけが当たる感じが気になり始めると、結局すぐにネイルを落とし、いつものように短く切りそろえてしまった。

指が長く関節もしっかりしているので、指輪選びも難しい。そういえば、過去に何度か「ピアノやってたんですか？」と訊かれたことがあった。たしかにリーチを活かすことできれば、鍵盤の端から端まで使うような楽曲を弾きやすいかもしれない。でも、私は左手と右手が異なるリズムで違う動きをする、という動作が苦手なので、誰でも弾けそうな『猫ふんじゃった』すらハードルが高い。同じような理由で、エッセイを書くときもキーボードを打つのがめちゃくちゃ遅い。大学時代にさんざんレポートを書いたおかげでタッチタイピングは習得したけれど、いつまで経ってもなぜか指さばきが上達しない。

そんなことを考えているせいで、つい他人の手もまじまじと見てしまう。好みの顔などは特にないのに、おかげさまで好きな手の特徴は結構はっきりと答えられる。さすがに手だけを見てときめくことはないが、初めて会った人が綺麗な手をしているとうれしくなってしまう。

たとえば、高校の同級生だったTちゃんの手は、今でも印象に残っている。そもそも、彼女は非の打ち所がない美人だった。とても端整な顔立ちをしていて、ぱっちりと大きな目に、鼻筋もしっかりとしている。ファッションモデルのような華奢さで、体育の時間に着るジャージの丈が足りていないところを見るからに、腰の位置も高い。誰もが認めるスタイルの良さだけではなく、親しみやすい気さくな性格で、クラスの中心でおどけている姿を私は度々目にしていた。字も達筆で頭も良く、運動もできてしまう、まさに完璧な美人なのだが、私は何よりも彼女の手に一番目がいった。

今にも折れてしまいそうなくらい繊細な手、血管が透けて見えるくらい白くて薄い肌、ほっそりと綺麗に伸びた指、長くて丸い桜色の爪。美人は末端まで美人なのだ。彼女の手を思い出しながら、ふとキーボードを打つ自分の手に目をやる。何度見ても理想の手とは程遠い。

それでもこの手が憎めないのは、やっぱり好きだと思えるところもいくつかあるからだ。神社で柏手を打つときに、大きな音を出せるところ。人にも大きな拍手を送ることができるところ。おいしいおにぎりを握れるところ。陶芸と相性がいいところ。肩揉みに定評があるところ。あと、こうして書き出してみると、父の手にちょっと似ている気がするところも。

2022.01.21 Friday

「理想の手」

FEE・SANDWICH
COFFEEHOUSE

ER • COCKTAIL
COF
COFFEEHOUSE

人を頼るのが苦手だった。厳密に言うと、今もあまり得意ではない。そういう悩みを言うと、大抵の場合「人のこと信じてないんでしょ」とものすごく寂しいことを言われてしまうし、そんなふうに思われてたんだ……と尚更傷つくので黙っていた。違う、真逆なのだ。私は、自分のことを信じられずにいるから、100%素の自分なんてお見せしていいものではないと思ってしまうのだ。その根底には、人から好かれたいという欲と、弱さをさらけ出すことで相手に負担をかけてしまうのではないかという懸念が混在している。最初から「甘える」という選択肢が手持ちのカードに無ければ、突き放されたり距離を取られたとしても痛い思いをせずに済むのではないだろうか、そんな理屈である。

自分の機嫌を自分で取れだなんて巷でよく聞くけれど、いざ実践しようとしてもそう簡単に上手くはいかない。好きなものを食べる、ゆっくり湯船に浸かる。それでも苦しさを処理しきれないことが増えてきた時、おそらく今必要なのは、自分でなんとかする強さではないような気がしてきた。例えば、もはや一人ではどうにもならなかったらそれが得意な人にお任せしたり、ネットで調べれば大体分かるようなことでもあえて尋ねてみたり。自信がないからこそ、人になんとかしてもらおうとする勇気が圧倒的に足りていないのだ。

とはいえ、他者の干渉を受け入れるにも気力体力が必要で、億劫になってしまう時もある。でも人に気持ちをもたれかけさせることは、「今回助けてもらったように、あなたがしんどい時は助けたいと思っているんです」という意思表示にもなるのではないだろうか。相手に甘えることが、相手を甘えさせてあげることにもなるならば、自分のよろしくない一面を見せるのも悪くはないな、とすんなり思えてしまった。誰かが自分を気にかけてくれている、受け止めてくれる、これ以上に励まされることはないだろう。

2022.02.04 Friday

「頼るの練習中」

人になんとかしてもらおうとする勇気は、自分だけにメリットをもたらすような、独りよがりの勇気ではない。だから私は、すぐにひとりでどうにかしようとする癖を、少しずつ矯正していかなければならない。自分で自分をなだめて誤魔化すのではなく、それぞれが抱えた問題を分け合って、共に耐えようとする。どこにいようと「何をやるか」よりも「誰とやるか」を大切にしたいなら、弱さを隠さず、ゆるやかにもたれ合って生きていった方が良いのだろう。もちろん頼り過ぎは良くないけど、全ては持ちつ持たれつなのだから、人に頼り、優しさをお借りすることにいちいち罪悪感を持つ必要はない。

頼れるところは頼る。信じるところは信じる。そして最終的には何があっても全て自分の責任だと腹を括る。今はそれが、私に必要な強さであるような気がしている。

2022.02.18 Friday

「肩書き」

小学生の頃なんかは、みんなと同じ方向に歩むことを強制されるのが苦手だった。もちろん言われた方向を見るし、課されたお題を真面目なフリをして淡々とやるけれど、生意気にも「これ何の意味があるんだろう」と腑に落ちないことも多々あった。例えば、高学年になったらマストで既存の部活に入らなければいけないという謎ルールがあったので、希望者数が少なく争わずに入れる手芸部を選んだ。編み物に集中して取り組むことはできるわけだから、むしゃくしゃするのは体質的な問題ではない。何かに分類されることを受け入れないと次のステップに進めない世界に、居心地の悪さを感じていたのだと思う。

結果からお伝えすると、幸か不幸か今の私は何かに特化した人間にはなっていない。歌をかじってダンスもかじって、ラジオで喋らせてもらって、歴史番組では偏愛を語り、クイズ番組では回答者になり、今は夜な夜なエッセイを書いている。仕事が複数の分野にまたがっていると、一体どこの人なんだって指を突き付けられることもある。どれも何が正解なのか分からないまま手探りでやっているし、ひとつのことをじっくり腰を据えて突き詰めてやる方が鋭利なことができるだろうから、「浅く広くやるなんて中途半端だ」と言われたら頷くしかない。大人だからこそ、人や世間からどういう風に見られるかとか、客観的な視点が想像できてしまって、自分の浅学っぷりとか、技術的な稚拙さとかもよく分かっている。矛盾するようだが、自分の納得感と他人からの評価が一致することもほとんどない。

だから、いっちょまえに「アイドルです」「ラジオパーソナリティです」なん

て言える自信はないし、肩書きというものは後からついてくるものだから、他者から括られることはあっても自ら名乗るようなことは難しい。何事もやり始めてすぐには全部ハイクオリティで出せないから、当然失敗もする。

ただ、「好きだからやる」ことからは逃げたくない。大学卒業とともに「学生」という長年連れ添った肩書きの一つが外れた時、やかましいレッテル張りは気にせず、やりたいことは全部やり尽くすと決めたのだ。肩書きを追いかけている人はいるし、自分の中にもそういう部分が全くないわけじゃないけれど、肩書きを得たって必ずしも安泰に生きていけるとは限らない。肩書きも地位もステータスも、それらの価値を決める評価基準だって、いとも簡単に変わる。もちろん、個としての自分を直視するのは怖いけれど、変に考えすぎる前に、自分がやりたいことって何だっけと思い返してみるのは大事だと思う。今は稚拙だとしても、浅く広くやり続けて歳月が経てば、やった量と比例して全部のレベルを上げることはできるから救いようはある。「自分が好きなんだからいいじゃないか」と楽観的になっていい時だってある。

いろんなことに手を出してきて一番良かったと思うのは、かつて見聞きしたものがタイムカプセルのように蘇って、自分や誰かを救うヒントになった時だ。美術館に行ったりミュージカルを観たりラジオを聴いたり本を読んだり、ある時は料理をしたり絵を描いたり陶芸をしたり、そういった娯楽から得た知識がクイズに活きることだってある。それらの体験をラジオで話すこともあれば、言い足りなくて後日エッセイに書くこともある。無意識のうちに全てが影響し合って、色々な外部からの刺激がごちゃごちゃに混ざっていくのがあまりにも楽しい。私はずっと好奇心のかたまりだし、何者でもなくて良いし、肩書きなんて、よもや何でもいい。

「3月11日」

2022.03.11 Friday

今日の日付を見ると、やはりあの夜のことを思う。当時13歳だった私は新宿に演劇を観に行った先で帰宅難民となり、大人に保護された。もはや自分がどこにいるか分からない、親もどうしているのか分からない中、テレビに映し出される東北の現状にただ息を呑むしかなかった。その年の夏にはボランティアスタッフと一緒に、被災した岩手県陸前高田市を訪れた。親に用意してもらった指定の衣服や長靴を身につけて作業を進めながら、子供でもできると大人たちが予測した範囲の活動に参加させていただいた。ちっぽけな自分に何ができるのか、この経験をどのように未来に繋いでいくべきなのか、休憩中にお茶を出してくれた現地のおばあちゃんが言った「知ろうとしてくれているのはとてもうれしいけれど、辛かったら目と耳をふさいでもいいのよ」という言葉はどういう意味なのか。大人と行動をともにしながら、帰りの夜行バスの中でもずっと考えていたけれど、結局すぐには答えが出なかった。ただ、名前が書かれている船舶免許証を海も建物も見えない場所の土の中から拾い上げた時、自分がどういうことに向き合おうとしているのか自覚したのだと思う。

あれから11年が経った今、私はラジオパーソナリティとして公共の電波を使って情報を発信する立場にある。今、世界のあり方が刻一刻と、大きく変わろうとしている。その第一報が飛び込んできたのは、2月24日木曜日、ラジオの生放送が始まる直前のことだった。その時は放送局として確信を持って伝えられる情報が少なく、予定していた内容をしっかりと届けることに努め、2時間の生放送を終えた。帰宅してから急いで調べていくうちに、私たちが今とんでもないものを目の当たりにしているということだけは、すぐに理解できた。これは他人事ではない。今起こっていることを知らなければ知ろうとすべきだし、考えるべきだし、想像すべき、それは分かっているけれど、自力だけでは具体的に把握しきれない。そんな中で、急遽内容を変更して有識者に電話を繋いでくれるラジオ番組があった。すがる思いでつけた『荻上チキ・Session』で耳にしたのは事態の深刻さだったが、胸を痛める以上に重かったのは発信者としての自分の無力さと不甲斐なさで、その日からできる限り情報を追い続けている。

有識者たちの見解だけでなく、こうなる前から現地に住んでいた日本人の何人かがＳＮＳで発信している内容からも、窺えるものがあった。そして今後起こりうる幾つもの未来を予測する限り、決して対岸の火事ではなく、今までに起きたこと、これから起きることを注視する必要がある。

もちろん、一人の力では番組を作ることができないし、番組内でニュースとして届ける情報は報道のプロの方々が常に精査してくださっている。有事においては様々な情報や映像が回って来るし、特に今回の戦争ではそれらの真偽をすぐには確認できないものも多いので、報道局の方々なくしてラジオは成り立たない。ただ、それを見聞きしていて心に澱をため込んでしまう人は、ニュースを遠ざけても良いと思う。無関心でいいということではなく、自分の心を優先するのは決して悪いことではないということだ。かつて陸前高田市のおばあちゃんが私に言った言葉は、きっとそういう意図だったのだろう。

それに、ラジオは情報源としての役割だけでなく、気持ちを軽くする役割も持っている。音楽であったり、読み上げられるメールであったり、人の会話に耳を傾けるだけで癒される。それが心地よくて、仕事の合間の息抜きに、エンタメとして聴いてくれている人がいるのだ。元はといえば私もその一人だったし、いろんなリスナーがいるおかげでいろんな話題を扱うことができる。

今の私が最大限できることは、リスナーやゲストや支えてくれるスタッフを大切にした上で、伝えたいことを伝えつつ、伝えなければならないことも目を背けずに伝えていくことだ。聴いてくれている人には伝わっていると信じて、同時に発信者としての意識や忍耐力や瞬発力のようなものも鍛えられていると信じて、やっていくしかない。

「居場所」

2022.03.18 Friday

嫌なことを考えないような環境に自分を持っていくことができれば、人はかなり生きやすくなると思っている。例えば、暇だと嫌なことに脳が時間を割いてしまうので、鬱になりがちなときほど走りに行った方がいい。脳にどうでも良いことを考える隙を与えないためには、どこに向かうべきか足を動かしながら考えるのだ。

個人的には運動が好きではないので、「お金をかけずにすぐ始められる趣味」の代替案として、クイズをするようにしている。何かを覚えようとしているとき、人は嫌なことを考えている場合ではなくなる。例えば、退屈に気づいた途端に早押しクイズのアプリでAIと対決を始めて、勝てばストレス発散にもなる。問題集を読めば知らなかった知識と出会って脳が活性化されるので、全知全能でない限り半永久的に楽しめる。

それでも、実際に出題される事柄には際限がないので、学び続けるのは辛いなあと思うこともある。クイズ番組に出ているとき、私は自分でも見たことのない顔をしているらしい。プレッシャーに押し潰されそうになると、苦虫を噛み潰したようなヒドい顔になるし、結果を残せずに敗退が決まると、悔しすぎて眼球が一点を見つめたまま動かなくなる。MPとHPの消費が激しすぎて、帰ってもすぐには眠れない。ただ結局、正答率が高く調子がいいと、こみ上げてくる達成感と満足感で、何もかも報われてしまうのだ。あのずるい感覚は魔剤のように私を奮い立たせている。

それともう一つ。クイズがきっかけで出会った人たちに会いたいから、頑張れるのだ。「クイズ仲間」は普段全く違う環境にいるので、共倒れすることがなく、利害関係が生まれにくいので揉めることもない。あまり連絡を取らないし、頻繁に会うこともないけれど、テレビやSNSで頑張っている姿を目にすると励みになる。コロナ下になってからは仕事以外で集まることが難しくなり、人によっては1年に3、4回会う程度になってしまった。だからこそ、その一回一回にかなり救われていて、一緒にクイズ番組に出演するときは、個人戦のライバル同士であったとしても全力で応援してしまう。各々が収録に向けて勉強してきているのを察しているからこそ、一人が全力で取り組めば周りも全力になるし、やさしくしたらやさしくされるし、応援したらみんなに応援される。

私は界隈の中では年少だし、知識も瞬発力も度胸も余裕も到底及ばないくせに「クイズ仲間」なんて偉そうなことを書いてしまったが、恥ずかしがらずに言うと、そのくらいこの人たちのことが好きなのだ。一緒にいると前向きでやさしい感情がふわっと開いていく感じがして、おだやかになれるし、そんな自分のことも好きでいられる。DREAMS COME TRUEの『決戦は金曜日』という曲の中に「あなたといる時の自分が一番好き」という歌詞があるのだが、まさにその感覚なのだ。

人には次々と出会いが訪れるし、その都度いろんな人と仲良くなったり、離れたりを繰り返すので、いい意味でどんどん入れ替わる。特に大人になってできていく友達は、みんな自分の世界で忙しいから、ずっとべったりなんてことはない。でも交わっていく中に、損得では動かない、どちらか一方が辛いときには励まし合える間柄が、ゆるい繋がりの中に生まれることもある。そんな居場所があるということが救いになるし、頑張ってる姿をちゃんと見てくれているかもしれないから、明日もまたコツコツ前進しなくては。

2022.04.15 Friday

「わたしの自宅療養【前編】」

帯番組のパーソナリティは、順番に夏休みをとる慣習がある。例に漏れず、私も番組が2年目に突入した頃にプロデューサーから打診されたが、休まず続けることにした。番組に穴をあけることへの責任感が…というのは綺麗事で、実際は休めば休むほど自分の席が誰かに取られやしないかと不安になるのだ。自分の代わりはいくらでもいるのだから、誰でもできる仕事こそ、自分ができることに感謝して全力でやらなきゃいけない。だからあのときもし言われるままに休んでいたとしても、気が気じゃなくなって代演パーソナリティの放送を全部聴くだろうし、たった1回で饒舌にやられたら落ち込むに違いない。想像するに、それではただ欠席しているだけで、心身は全く休まらない。休めないのではなく、休む勇気がないのだ。

休まなくてもやっていけるように、同世代に比べて健康維持には神経質な方だと思う。睡眠時間や食生活が不規則なぶん、サプリメントや漢方、鍼治療などに頼りがちなところもあるけれど、きっとやらないよりはマシだ。ルックスがいい人よりも素敵なレストランを知っている人よりも健康に詳しい人の話が聞きたい

し、実際に仕入れた情報を生活に取り入れまくっている。それに加え、今の世の中では新型コロナウイルスの感染力も強く、いつ誰が「自分の意思に関わりなく休まなくてはならない」という状況に立たされてもおかしくはない。ここのところ何をしても疲れが取れない日々が続いていたので、免疫力が落ちていそうなときほど用心しなくてはと思っていた。

ところが先日、ついにその状況に立たされた。明け方目が覚めると、いきなり喉が焼けるように痛く、声が出ない。明日は我が身とはまさにこのこと、ついに来たか。寝起きでの緊急事態にしては至って冷静だったので、すぐに各方面に連絡すると、まず当日の生放送を休演してどなたかに代演をお願いすることになった。結果的にPCR検査で陽性判定となり、ほかのお仕事も約2週間お休みさせていただくことになった。ご迷惑をおかけしてしまった申し訳なさでいっぱいになりながらも、何かと緊張感を溜め込んできた体にとってみたら必要な時間だと思えたのは、心配して連絡をくださった方々が何人も口を揃えて「神様が与えてくれた休息」という表現を使っていたから。そしてたくさんの人のおかげで、私の休演が確定してからも、番組は毎日いつも通りの時刻に放送された。もちろん予想通り気が気じゃないので、リスナーとして毎日聴くようになり、わざとらしく「ラジオネーム・山崎怜奈」としてホームページのメールフォームからメッセージを送り続けたのだが、そんな生活も意外と嫌いじゃなかった。

2022.05.06 Friday

「わたしの自宅療養【後編】」

やるべきことも、やりたいこともやりながら、健やかに生きていけることがベストなのは大前提として、もし体調を崩すことにメリットがあるのだとしたら。私は、自責の念を持ちつつも「まあいいか」とポジティブに諦められることだと思う。

目の前にある課題を乗り越えようとする時、それが難しく感じられても「頑張れば何とかなるはず」と思うのが大事だと信じて生きてきた。自分の可能性を自分で狭めるな。学校でも仕事現場でもそう教えられてきたような気がするし、実際に、何とかなると思い込んでいたから何とかなったことだってある。

でも私の免疫細胞がウイルスに勝つために、私自身が頑張れることは特にない。ひねり出しても、ちゃんと寝て、栄養を摂って、日光を浴びるくらい。「頑張れば何とかなる」という可能性とともに「頑張らなければ」というプレッシャーばかりに敏感になっていた私にとって、「頑張れない苦しさ」はあまり経験がない。でも「頑張れない」って、頑張れることよりもっと苦しかった。しかも今回の療養は社会との「隔離」。あれもできない、これもできないなどと不幸に目が行きがちになるから、多少は「休めるぞ、ラッキー」っていう図太さを持とうとしないと息が詰まるようだった。

療養期間中は、どんなに悪寒《おかん》がしても関節が痛くても、とりあえず手元には必ずスマホか本があった。せっかくの休みをただただ無為に過ごすのはもったいない。とはいえ、一番近くに置いてあった本を読むとか、Netflixでおすすめに出てきた映画を見るとかかなーと思いきや、頭の中では仕事のあれやこれやがずっと渦巻き続けていた。

もう10日間は働かなくていいのに次の仕事を考えて、ニュースで流れるウクライナの情勢や、識者の見解をノートに書き留めた。溜まっていたクイズ番組の録画をこまかく一時停止しながら、問題をパソコンに打ち込んだり、関連ワードのWikipediaを読みあさった。

そうしているうちに突然電池が切れた感じで、パタッと眠りに落ちる。症状による肉体的な疲労と、頭痛薬の副作用だったのかもしれない。目が覚めれば、すぐにまた動画や文字を見続ける。気づいたら体の痛みが通り過ぎ、学んだことだけが残っていた。

毎日いろんなものに触れて、頭と心を動かしていくうちに、自分の内側がみるみる潤っていくのが分かった。きっと私はこうやって生きていくのだろう。マグロが泳ぐのをやめたら窒息してしまうように、私は何かを知ることをやめたら死ぬのかもしれない。などという冗談が頭に浮かぶほどにはメンタルが崩れなくて済んだし、ずっと家にいるのに、脳だけが旅をしているようだった。

インプットにかなり贅沢に時間を使った療養明け、久々に外に出たら、散らずに残っている桜の花を見つけてうれしかった。晴れ、体調良好、どちらも当たり前じゃないよなと改めて思う朝だった。

みなさまも引き続きご自愛くださいませ。

ラジオの顔

月曜から木曜の午後、晴れの日も雨の日も、
聴くひとの日常に寄り添う115分間。
その声が生まれる現場で、
スタッフしか見ることのない顔としぐさと…。

到着は放送開始75分前。打ち合わせもブースで。

CLOSE COVERAGE OF RADIO PROGRAM

MESSAGE from PRODUCER

「 スタッフはもちろん、状況や環境まで、
周囲に気配り目配りができるひと。
準備と用意も常に万全！ 安心して見ています。
これからも、生の現場を楽しんで 」

番組プロデューサー・ヤマリョウPより

リアルタイムで"聞こえてくる"リスナーの声こそ至福。

CLOSE COVERAGE OF RADIO PROGRAM

もぐもぐタイムは大事。
合間を見つけてパクッ。

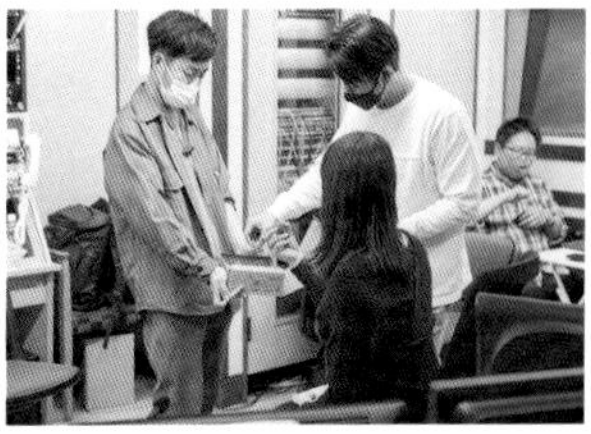

山崎怜奈の誰かに話したかったこと。

TOKYO FMで毎週月曜から木曜の13時から14時55分まで生放送でお届けする帯番組。放送開始は2020年10月1日。毎回特色あるゲストを迎えるトークコーナーが話題。番組ハッシュタグは「#ダレハナ」。

芸人・パンサー向井慧さんとの対談

悩めるラジオパーソナリティが、2時間台本なしで語り合ったこと

むかい・さとし／1985年、愛知県出身。2008年、菅良太郎、尾形貴弘と共にお笑いトリオ・パンサーを結成。ラジオ好きで知られ、現在5本のレギュラー番組を持つ。2022年より『パンサー向井の＃ふらっと』（毎週月～木8:30～11:00、TBSラジオ）を担当。

共にラジオの帯番組でパーソナリティを務める、山崎さんとパンサーの向井慧さん。大好きなラジオの仕事で、大役を担うふたり。ブースにこもり、2時間にわたって、お互いの悩みを語り合いました。

[山崎] ワンピース24,200円（アールピーエス｜ビームス ウィメン 原宿 ☎03-5413-6415）／ベスト110,000円（デサ ナインティーンセブンティトゥー｜デミルクス ビームス 池袋 ☎03-5957-5791）／イヤリング3,960円（kiku製作所 https://kiku-seisakujo.jimdofree.com/）

2020年10月にスタートした平日お昼のラジオ帯番組『山崎怜奈の誰かに話したかったこと。』（以下、ダレハナ／TOKYO FM）も3年目。多忙な日々を駆け抜ける山崎さんが、今回対談を希望したのは〝令和のラジオスター〟こと向井慧さんでした。「向井さんには自分の素を出せる気がする」と語る山崎さん。その向井さんも2022年3月から朝の帯番組『パンサー向井の#ふらっと』（以下、#ふらっと／TBSラジオ）のメインパーソナリティを務めています。向井さんをブースにお招きし、正真正銘ふたりきりで2時間にわたって語り合ったこと——。

山崎 向井さんと初めてお会いしたのは名古屋のCBCラジオの東京支社でしたよね。お互い帯番組をやるなんて思いもしない頃で、「おつかれさまです」って言い合うだけだったのが……。

向井 ちょっとずつ喋るようになったんですよね。

山崎 〝ちょっと〟が濃いんですよ（笑）。

向井 山崎さんが使った後のブースに入って、男性スタッフで「女の匂いする～！」って盛り上がったりね（笑）。

山崎 「女の匂いがする」っていう発言、中学生以来久しぶりに聞いて笑っちゃいました。元男子校の共学一期生だったから、入学式を覗きに来た男の先輩たちに「女子の匂いするぞ！」って言われたんですよ（笑）。

向井 そんな山崎さんの帯番組が始まったときは驚きました。

山崎 向井さんは「俺には絶対できない」って連呼してたけど……あれから1年半後に『#ふらっと』が始まって。

向井 自分の人生で帯（番組）やるなんて、本当に考えられないことだったんですよ！ 毎日決まった時間に局に行って喋れる人って、とんでもないメンタルだなと思ってましたもん。いまだにオープニングトークは苦労してます。

山崎 わかります。私も日曜の夜に「明日ちゃんと声出るかな」って不安になります。ブースに入っても「昼間のテンションで番組できるかしら」って。生きてるとメンタルが死んでる日もあるし、体力的にキツい日もありますもんね。

向井 その浮き沈みも込みで聴いてもらうしかないですよね。帯の生放送ラジオは、もはやドキュメンタリー番組だから。山崎さんの場合、若くして帯持って座長になってるわけで、成長の過程すらもちゃんとエンタメになってるでしょうし。

山崎 スタッフさんとリスナーさんに育ててもらってます。

向井 勝手なこと言いますけど、俺らより前から帯のパーソナリティを担当している方々は最初から完成された状態で始まってたと思うんです。一方で、未完成のまま始まった俺らに強みがあるとしたら、完成するまでの過程を見てもらえることだけ。それに気づいて楽になりました。最初は前番組をなぞろうとして苦しんだけど。

山崎 なぞることを周りに求められている感はありましたか？

向井 そうですね。前の番組を愛していた方に「向井は教養や知識が足りない」ってツイッターで言われて、「朝の番組はそういうの必要だよな……」って気負ってました。ラジオの向こう側にいる人の顔をいろいろ勝手に思い浮かべちゃって、ラジオで喋るのがしんどくなって。とことん追い詰められてたところで、成長する姿を見せようって切り替えられて助かった。あとテレビ番組ですが『ラヴィット！』（TBS系）から受けた

今でも日曜の夜「明日ちゃんと声出るかな」って不安になります。（山崎）

影響はすごく大きいです。

山崎 『ラヴィット！』素敵ですよね。出てる人たちがみんな楽しそう。

向井 俺が芸人になってやりたかったのは、とにかく笑えるバラエティだったって思い出させてくれました。平日の朝8時から〝ど・バラエティ〟を成立させたMCの川島（明）さんがすごい。朝のテレビは情報番組っていう常識を打ち破り、バラエティに振り切って成功した『ラヴィット！』には、かなり勇気をもらいました。

山崎 出演者もスタッフも好きなことをやってる雰囲気が楽しいですよね。段取りも無視してオープニングコーナーだけで生放送が終わることもあるじゃないですか。あれも川島さんがなんとかしてくれるっていう安心感があるからできてる気がする。

向井 段取りとか、準備したものを使わないのが一番いいっすよね。みんなで「面白いほうに行きましょう」ってその都度選択していくのが素敵で。ラジオではBayFMで友近さんが金曜にやってる『シン・ラジオ』にも感じるんですよ。自由に楽しんでる友近さんの番組を聴くと、俺も番組を10年続けたいっ

て思えるように、楽しみたいなと思います。『#ふらっと』が始まった当初は「続けたい番組にできてるかどうか」っていう核が抜け落ちてたんですよね。

山崎 コンプライアンスとか「日中のラジオはこういうもの」っていうテンプレに勝手に縛られちゃうことってありますよね。

向井 俺も山崎さんもそういうところに陥りがちな人間ですよね。

山崎 (笑) 私の場合、テンプレから救ってくれたのはスタッフさんでしたね。ショートコントとかやらされたから、私もクソマジメの殻を破れました。

向井 いいっすね。そういう遊び心を見せるのって自分ひとりじゃ限界があるから、やらされるのがありがたい。

山崎 「山崎にこれやらせたらどうなるかな」って面白がってくださるスタッフさんは、本当に貴重です。「山崎怜奈」というイメージの外側に連れ出されると案外楽しいし(笑)。

向井 俺は芸歴18年目で、生意気にもちょっと仕事を選べるようにもなってきたんです。でもそうすると、自分の得意なことしかやらなくなるんですよ。

山崎 得意なことしかやらなくなるって、どういう感じなんですか?

向井 この年齢になると、これ以上自分に絶望したくないんです(苦笑)。絶望を糧にするのもエネルギーがいるから。それで得意な仕事だけ選んでしまう。でも、自分の幅がグッと広がるのは、苦手だと思っていたことにチャレンジしたときじゃないですか。『有吉の壁』みたいな体を張る仕事は、この芸歴になると減るけど、やってみたら思わぬ反響が届く。苦手なことに挑戦するのも必要ですよね。

ラジオへの下心は消せない

山崎 私はアイドルの頃は全然人に頼れなかったんです。9年半、常に同年代の女の子たちと比べられて、優劣をつけられていたから、自分の心は自分で守り、自分の見せ方も自分で考える。でもその意識が強くなると、周りを警戒しすぎちゃう。だからラジオで座長になっても、最初はスタッフさんへの頼り方がわからなくて苦労しました。

向井 でも、これだけ大きい番組になると、頼らざるをえない。

山崎 意識して頼るようにしてからは、少しずつラクになりました。

向井 俺も山崎さんも全部自分でやろうとしちゃうじゃないですか。でもそれって、スタッフさんのやりがいを奪うことでもあるんですよね。結果的に俺らも手が回らないし、スタッフの方々にできる範囲だけで仕事をさせちゃって、「1+1+1…」みたいな番組しかできなくなる。みんなのスキルを掛け算するためには、頼り合うことが大切。

山崎 わかるなぁ。頼れるようになって本当によかったです。ただ、それでも帯番組のパーソナリティってたくさん準備することがあって、家に帰っても仕事してるじゃないですか。翌日のゲストが作家さんなら著書を読むし、役者さんなら作品を観ておく。

向井 その準備をしないで面白い話ができるパーソナリティもいるけど、俺たちはやらないと落ち着かない(苦笑)。

山崎 でもこれを続けてると、プライベートが……。

向井 そうなんですよ! ゲストトークの準備もそうだけど、毎日のオープニングトークのネタ探しも大変だし。俺らラジオへの下心がすごいじゃないですか。ラジオで喋るために、映画観たり、旅行行ったり。

山崎 先日、丸一日お休みをいただいたときに、東京から出たくなっちゃって「嵐山にある鈴虫寺のお坊さんの説法が面白い」って情報を頼りにひとりで京都に行ったんです。本当に面白かったんですけど……聞きながら私、メモってたんですよ。

向井 そりゃメモるよ! やっぱラジオで喋りたいもん(笑)。

山崎 なんでも人に言いたくなる精神っていいのかな……。

向井 そこは一度肯定してあげるしかないと思う。伊集院(光)さんみたいに普通の日常を面白く話せるようになるためには、まずはこの下心と付き合い続けるしかない。

山崎 下心で書き留めた日常をトークに変える訓練を何年もやる。

向井 あと、俺がラジオやってる上で一番大切にしたいのが「嘘をつかない」ってことなんですけど、下心を隠すのも嘘になるから、認めました。ただ、下心があると、プライベートが常にネタ探しになってしまう。

山崎 そうですよね。もはや私のプライベートって整体だけ。意味わかんない方向に足を曲げ

ふたりともラジオへの下心がすごいじゃないですか。(向井)

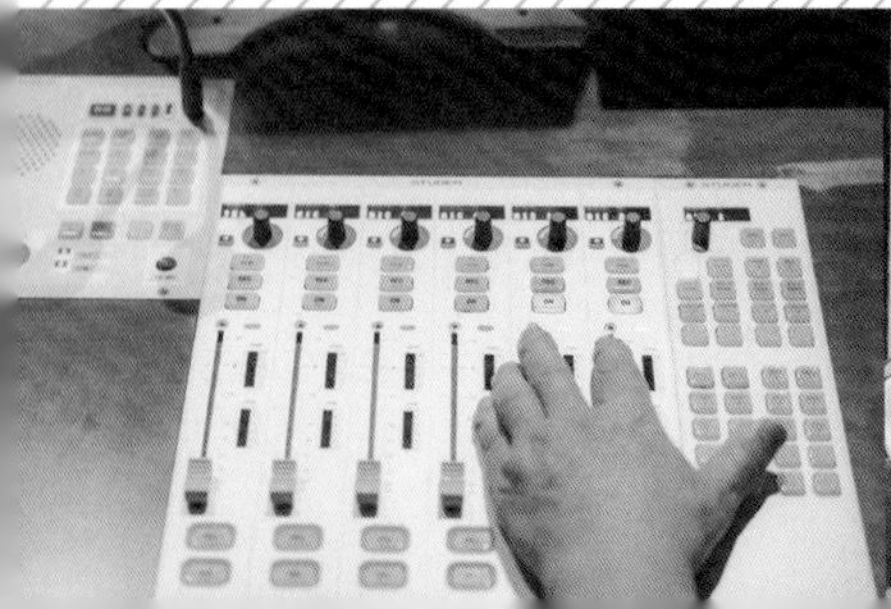

られる瞬間だけがプライベート（笑）。あと、さっき話した京都旅行も本当は1泊する予定だったんですけど、切り上げて日帰りにしたんです。

向井 宿もキャンセルした？

山崎 はい。本当は温泉に入って、ひとりでゆっくりしようと思ってたんですけど、夕方5時くらいには新幹線で帰ってきちゃいました……。

向井 それはなんで？

山崎 ふと我に返っちゃうからかな。家でやらなきゃいけない仕事があるのに、何をしているんだろう？って。「明日ラジオあるし、やっぱり家で寝たほうがいいかな」とか「もし明日新幹線が止まって帰れなくなったらヤバい」とか現実的なことを考えてたら、帰ろうって。

向井 これはね、重症です（笑）。働きすぎだからですよ。

山崎 でも、実際の仕事量は乃木坂46の頃とほとんど変わらない気がする。アイドルのときは"見えない仕事"が多かったんです。ライブのリハーサルやグッズ撮影、握手会、オンラインのトーク会……。むしろ2022年7月にグループを抜けてからは、自分のために割ける時間が増えたんです。

向井 そうなんだ。

山崎 むしろアイドルの頃のほうが大変でした。地方でライブがあるときもラジオには極力リモートで出演させてもらってて。『ダレハナ』はグループじゃなくて私個人の名前でやってるから、アイドル活動を言い訳にして休むのは違うなって。スタッフさんの協力と、コロナ下でリモート技術が向上したおかげで、ギリギリ両立できてたんですよね。でも体力的にも、精神的にも滅入りました。帯番組のことは誰にも相談できないじゃないですか。贅沢な悩みというか、ちょっと鼻につくかもしれないし、色々考えちゃって。

向井 誰にも吐き出せないっていうのはキツいですね。

山崎 でも、2022年3月のアンダーライブと、5月に日産スタジアムでやった10周年記念ライブで、全力でやりきった達成感があったから、アイドルは卒業してもいいかなと思えて。そこでやっと解放された気がしたんです。そういえば、ちょうどその頃に今後のことでいろいろ悩んでたんで、わかりやすく何かを変えたくて両耳にピアス開けたんですよ。だから向井さんがピアス開けたって聞いてびっくりして。

悩んでたとき、両耳にピアス開けたんです。（山崎）

向井 そうだったの!? 俺は苦し紛れに開けましたけど……。

山崎 私も完全にそれです（笑）。

向井 切羽詰まると体に穴開けるって、あるあるなんですね（笑）。体に刺激を与えるしかない。

山崎 印象商売だから、髪色もコロコロ変えられないじゃないですか。個人のお仕事が増えだした2019年くらいから、ヘアスタイルはほぼ変えてないですもん。別に「派手な髪色にしちゃダメ」とか言われてないんですけどね。怒られそうだなって先回りしてやらないだけ。結局、自分の体で自分の好きにしていいところが耳たぶくらいしかない（笑）。

向井 お手軽な方法だからね。俺のピアスは賛否が巻き起こったけど、山崎さんはどうでした？

山崎 今しれっと話しましたけど、表立っては言ってないんです。やっぱり嫌がる人もいるだろうなと思って。

向井 さすがに心配しすぎじゃない？（笑） たしかに俺は「だっせぇ」とか「やめたほうがいいよ」って強烈に否定されましたよ。でもこれもね、すっごい刺激的なんですよ。

山崎 どういうことですか？

向井 うまく言えないですけど、芸人やってて、ずっと先輩たちの作った道の上を歩いてる感覚があったんです。でも、37歳で初めてピアス開けて、こんな芸人パーソナリティはほかにはいないなって。この賛否も、向井がほかの芸人がやってないことをしたからなんだと気づいてワクワクしました。

山崎 振り切ってますね！（笑）

向井 今はもうこんなにボロクソ言われるんなら、ずっとピアス着けとこうって思ってますよ。「外してやるもんか」って。

漠然とした不安や孤独が消えない

山崎 向井さんの話を聞いて思い出したんですけど、乃木坂時代に大学受験したら「仕事に集中しないの？」って言われたことがあったんです。当時の乃木坂には、大学行きながら活動してる子が1人しかいなかったから変に目立って。でも「他人に自分の人生握らせてたまるか」って反抗心が芽生えた（笑）。

向井 ネガティブな反応って前例がないから起こるんだよね。

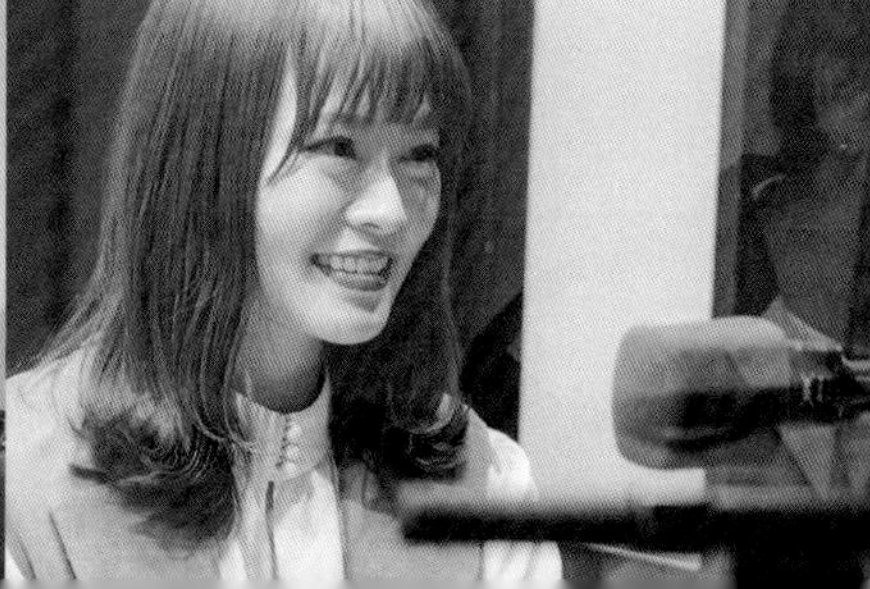

山崎さん以降、アイドルしながら大学に行く人が出てきても、叩かれないんでしょうね。

山崎 そうなんです！ 私の後輩はめっちゃ大学行ってる。

向井 あははは（笑）。

山崎 ありがたいことに、後輩から進路相談も受けていて。

向井 そこで慕われるのは先陣切って進んだ先駆者特権ですね。

山崎 当時は「どうせ両立できなくて留年するよ」って言われたから「絶対4年で卒業してやる」って頑張りましたね。

向井 ネガティブな声もエネルギーにするしかない。『#ふらっと』を始めたときも「否」が大きくて、わざわざ番組ハッシュタグつけて非難するツイートも結構あったんだけど、それは全部スクショしました（笑）。個人のツイッターでつぶやく分にはいいけど、こっちが用意したハッシュタグつけて文句言ったからには覚えとけよって（笑）。

山崎 SNSで負の感情をつぶやく方もいらっしゃいますよね。その瞬間はスッキリしても、私だったら自分のツイートを見返して負の感情が再燃しそうだし、精神的に良くなさそう。

「孤独」はラジオで喋る人間にとっては魅力ですよ。（向井）

向井 俺らには共感できない行動かもね。脊髄反射で意見を言うのも怖いなと思うし。テレビでもラジオでもいいけど、新番組が始まったら「この番組すぐ終わるわ」ってツイートする人いるじゃないですか。この先めちゃめちゃ人気番組になる可能性があるのにすぐ決めつけるのは、すごく浅はかで恥ずかしいと思っちゃいます。

山崎 大河ドラマも初回はほぼ必ず叩かれるんですよ。でもプロフェッショナルが1年間かけて完成させる作品なのに、たった1話で判断できるわけがないんです。

向井 でも、メディアに出る者としては、すぐに意見を言える瞬発力も必要だよなって葛藤もありません？ 白黒ハッキリしたほうが痛快だし、言い切ってくれる人はカリスマ扱いされる。特にテレビだと重宝されるし。

山崎 ワイドショーとか本当に難しい……。でも、私はいろいろ調べて、いろんな角度から吟味しないと話せません。テレビではわからない内容には何も言わないようにしてます。

向井 それは逃げじゃなくて、いろいろ考えた結果、本気でそう思ってるからだしね。大事な姿勢だと思います。だから俺らにはラジオが心地いい。

山崎 長尺で喋るのを許してくれるラジオはありがたいですよね。

向井 ラジオでは白黒はっきりさせずにグレーな状態でも話せるから。ただ、毎日ラジオで喋ってると、考えたことを全部喋っちゃうしかなくて、まとまらなくなることもよくある。「結局コイツ何が言いたいの？」って思う人も少なくないはず（笑）。

山崎 でも、ラジオを聴いてる人も、うだうだ言ってるのを聴くのが好きな方が多いんじゃないかなぁ。時事問題や、ゲストやリスナーの声を受けとめて、パーソナリティが何を考えどんなリアクションを取るのか。そういうすごくジメ～ッとしたところを楽しむんじゃないかな。

向井 たしかにそうですね。

山崎 好きな仕事をさせてもらえてありがたいんですけど、漠然とした不安や孤独は、ずっと消えないんですよね。

向井 山崎さん、まだ25歳ですよね？ 孤独にさいなまれるのが早い（笑）。俺が山崎さんくらいの頃は毎日楽しく遊んで、孤独では全然悩んでなかったし。でも、ラジオで喋る人間にとって「孤独であること」は、鈍く光る魅力ですよ。リスナーの中には、孤独を感じながら聴いている人も一定数いる。その人たちからすると、山崎さんみたいに孤独を抱えている人の話は、安心できるはずだから。

山崎 「孤独であること」ってラジオパーソナリティとしては正解だけど、ひとりの人間としてはどうなんでしょう。タレントの山崎怜奈と、素の山崎怜奈の距離をもうちょっと離してあげないと、いつか息切れしそうなのも不安です。生活のことも全部ラジオで言ってきて、隠すことがなんにもない状態がキツいというか、全部喋ってるがゆえの孤独というか……うまく言えないんですけど。

向井 映画の『トゥルーマン・ショー』みたいなこと？

山崎 そうそうそう（笑）。

向井 俺も孤独を感じる瞬間はありますけど、死ぬまで一生離れないだろうなって人はいるんですよ。又吉（直樹）さんや長田（庄平）くんは、売れてない時期をずっと一緒に過ごして、関係性を育んできて。そういう人たちがいるから、だいぶ孤独が和らいでいるかもしれない。

山崎 私もそれに近い人はいますけど、自分の全部を出したら引かれるかなって思っちゃう。

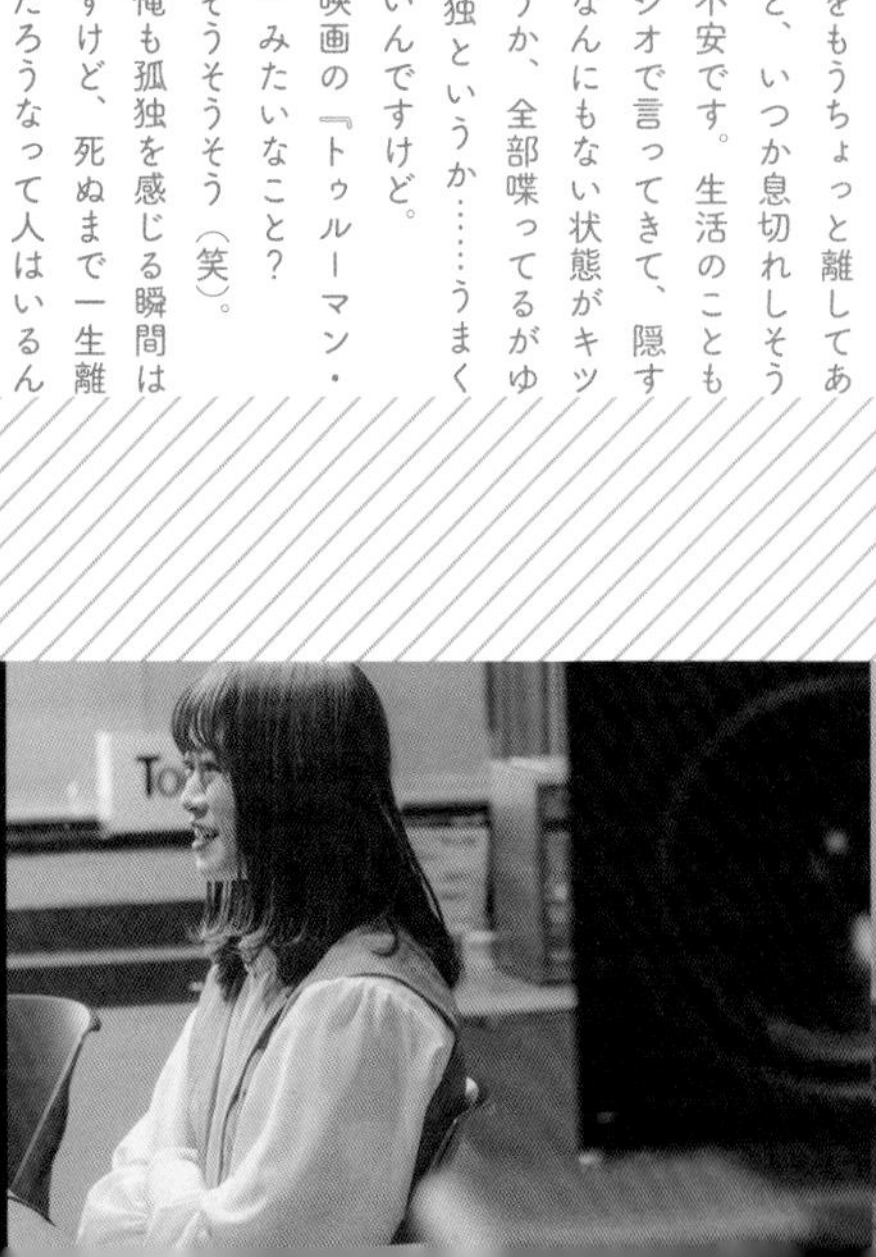

それに、15歳からアイドルとして働いてきた私の悩みを話せる同年代の友達ってやっぱりいないから。

向井　15歳からこの世界にいると、学生時代の友達とは合わない部分も出ますよね。

山崎　私はすごく恵まれていて、好きな仕事ができてるし、充実してる。今が一番幸せとも思うんですよ。でも、この孤独感だけが解消されない。私生活が変わらないんですよ。人間・山崎怜奈の営みは、まったく変わらない！

向井　ははははは（笑）。

ふたりともすこやかに

山崎　単純に生活を変えるエネルギーも、もうないんです。昔からお金もあんまり使わないタイプだし、生活にも無頓着すぎる。コロナ禍で家にずっといなきゃいけないとなって初めてソファも買ったんですよ。それまで家になんにもなかった。

向井　ヤバいね……。

山崎　仕事が充実しても、人間として何も変わらない。人からの見え方は変化するんだけど、家にひとりでいる自分はずっと同じ。玄関の内側の自分は、歳だけ重ねて成長してないんです。

> 今が一番幸せだけど、孤独感だけが解消されないんですよね。（山崎）

向井　でもそんなもん自分で変えるのって無理じゃないですか？　自分なんて人に変えられていくものだから。俺だってずっと変わってないもん。なんにも変わってない。

山崎　そうですか？

向井　俺はたまたま長田くん、又吉さん、岩井（勇気）くんたちに出会って孤独が和らいでるけど、自分ではなんにも変えられてないですよ。

山崎　「私は人間として成長できてる？」とか思う……。

向井　考えすぎ！　普通そんなこと考えないよ。みんな本質的には何も成長してないんだもん。

山崎　自己肯定感はちゃんと持てるようになってきたんですよ。だけどずっと孤独なんです（笑）。孤独に関してだけ、ずっと進展してないのはやっぱり悩みです。そういえばこの収録は1月ですが、向井さんは毎年、年明けに目標を書いてますよね。

向井　そうですね。自分のノートの表紙に目標をいくつか書いて、年末に答え合わせします。2023年の目標をひとつ言うと「ラジオに飲み込まれない」。逆に言うと「ラジオを飲み込む」。

山崎　ラジオを飲み込む？（笑）

向井　去年は主導権取られっぱなしだったので、今年はラジオに主導権を取らせないのが目標です（笑）。山崎さんは？

山崎　こないだ取材で聞かれて、とっさに言ったのは「無理しない」でした。でも思うんですよ。グループ卒業してからまだ半年で新米なのに、無理しないのも偉そうだなぁって。

向井　いや、絶対大事ですよ。俺もプライベートの目標は「休みを取る」ですから。

山崎　ははは（笑）。

向井　月に1回、旅行とか行く。

山崎　私みたいに途中で帰らないでくださいね（笑）。私も一個目は「休みを取る」。もう一個は「誘いをなるべく断らない」。

向井　それもいいと思いますよ。

山崎　もともとは私ってフットワーク軽くて、断るタイプじゃないんですよ。でもラジオの帯を始めてから「ひとりでいたい」が勝っちゃうことが増えたんです。喋るのって楽しくてもエネルギー使うから、ひとりで黙ってる時間を欲するのかもしれません。

向井　わかるよ、わかる。すっごいわかる。プライベートでまで、もう喋りたくないよねぇ。一日中ラジオで喋った後なんて、もう誰とも喋りたくないから！

山崎　ふふ（笑）。でも、そもそも「仕事が終わったら誰とも喋りたくない」状態が異常な気もして……。それをどうにかしたい。ぼんやりとした目標です。

向井　たしかに……。

山崎　とにかく向井さん、本当に健康でいてください。

向井　お互いそこに尽きますね（笑）。山崎さんの活動を見ていると、本当にすごいなって思うんだけど、10年以上の年長者としては、どうか心身の健康だけは気をつけてほしい。これだけラジオ好きで喋れる人は稀有だからこそラジオに飲み込まれずに、すこやかに暮らしてほしい。これは自分にも言ってるんですけどね！

山崎　（笑）　私も向井さんの心と体の健康だけ祈ってます。このふたりのキーワードは「すこやか」なんだよなぁ。

向井　「もっと山崎さんが活躍してる姿を見たい」とかじゃない。もう十分やってるし。

山崎　私も受験生を応援する気持ちと同じです。すでに頑張っている向井さんに、頑張れ！って言えない。ただただ無病息災を祈ってます（笑）。

2022.05.27 Friday

「誰かのための料理」

料理をしていると、食べている時よりも、作っている時の方が何かを味わっているんじゃないかと思う。食べるのが好きというよりは、食材の特性を学んだり、調理の手順を踏んでいくのが楽しい。

食材のおいしさが引き立つ組み合わせには全て理由があって、紐解くとロジックだらけで面白い。ほんの一手間で味や食感が変わるし、出来上がりにも違いがちゃんと表れる。たとえば、豚肉は刻んだキウイに漬け込むと、酵素の働きでやわらかくなる。ハンバーグのつなぎに砕いたお麩を使うと、肉汁をたっぷり吸い込んでジューシーに仕上がる。米の研ぎ汁で大根を下茹ですると、研ぎ汁の中のデンプンが大根のアクを吸着して、繊維の中に戻るのを防いでくれるので、甘みが増す。

外食先で食べる料理も、買ってきたお惣菜も、時間をかけて自分で作った料理も、等しくあっという間に食べ終わってしまう。でも、ひとつひとつの手順の意味を理解しながら作れば、ただ食べるだけでは得られない満足感につながると思う。一度聞いたらやってみたくなる豆知識は、世の中にはまだまだたくさん転がっている。それらを試して上手くいった時なんかは、学校の授業でやった科学実験を思い出して、ひとりでホクホクしている。

とはいえ、自分のためだけのごはんなんて、それっぽい味になれば正直なんで

もいい。頻繁に自炊するようになったのは家計と健康に配慮して生きるためで、食費と塩分とカロリーを何となく気にしつつ、ちゃっと作って腹が膨れれば満足。スケジュールに余裕がある時に大量のおかずを作っておけば、冷蔵庫を開けた瞬間にただようわずかな匂いだけでも、ぐったりして帰ってきた日の安心材料になる。ちなみに、多少失敗しても、もったいないから食べる。

でも、人にごはんを作るとなったら、まるで話が変わってくる。創作意欲が俄然湧くのである。自画自賛みたいで気持ち悪いけれど、誰かのために作った料理というのは、自分で食べても段違いでおいしいと思う。相手が喜んでくれるかもって思ったら、下ごしらえが明らかに丁寧になるし、いつもと全然違うものを作れる。見た目も楽しめるようにと選んだお気に入りの食器に、一汁三菜を盛り付けて、一人メシの時にはまず出さないような可愛い箸置きも添える。おいしそうに食べてくれようものなら、完成度は何倍にもはね上がる。それくらい、一緒に食べる相手が喜んでいるかどうかは味に影響するから、結果として自分のためにもなっていて、それもまたうれしい。

25歳になる前日、我が家に母を招いた。私が仕事現場でいただいた特大のケーキを、一緒に食べませんかと誘ってみたのだ。思えば、何年も前に実家を出てから、私が母の手料理を食べる機会も、その逆も、パタッとなくなってしまった。「ちょうどごはん作ってあるから、それも軽く食べて～」と追加連絡をして、スーパーに向かった。春キャベツを煮込みながら待つ時間はなんだかとても愛おしくて、母が作る「名もなき料理」の匂いを、記憶の中に探していた。

2022.06.03 Friday

「終わりの感覚」

何かに行き詰まった時は、「これで最後だから」と思うようにしている。私なんか、ダメでもともとなんだから。これで最後になったって良いじゃないか。そうやって自分への期待を手放して、心の中で別れを告げてから、背水の陣のつもりで取り組む。すると、なぜか意外と上手くいく。そんな経験を、今までに何度もしてきた。

たとえば、乃木坂46のオーディション。「私なんかが受かるわけない。これで最後、これで最後」と自分に言い聞かせながら、都営新宿線の1番ホームに来た電車に乗り込んだのを覚えている。道に迷っても「まぁ、こんな遠いスタジオに行くなんて最初で最後だし」と開き直っていた。始まりの場所にいるのに、すでに終わりの感覚があった。

加入してからも、応援してくれる人に喜んでほしい、誰かから必要とされたいとは思っても、自分自身がやりたいことはそんなになかった。未来をイメージしようとしても白紙のままで、具体的なシーンを空想しても、なぜかそこに自分の顔は見当たらなかった。経験がない上に自信もないから、何もできない。だからといって、もうやるしかないものに対して、苦手とか、不安という後ろ向きな気持ちを持っても気が沈むばかり。だったら、せめて後悔のないように。

ここだけの話、グループから卒業する時に更新するブログを、今までに何回も書いて、下書きのまま保存してある。お世話になった人たちへの感謝、現場で学んだこと、やってみて難しかったこと、辛かったこと、喜んでもらえたこと。行き詰まった時、そういう「前向きな別れの手紙」を本音全開で書いていくと、まだやり残していることにも気づくし、やり切ったって言っちゃってもバチは当たらないんじゃないか、みたいなものも見つけられる。

今まで頑張って得てきたものを失ったらどうなるか、その恐怖はずっとある。でも人に褒められるために頑張るんじゃなくて、自分で自分に胸を張るためなら、虚勢を張らずに頑張れる。何ひとつ上手くいかなくても、これで最後になっても構わないと思えるくらい全力で向き合ったなら、それでいいと思っている。そんな貴重な経験は、もうできないかもしれないから。もし誰かに迷惑をかけても、まず謝って、最後にありがとうございましたと伝えたら、一旦終わりにする。その人に会える機会だって、二度とないかもしれないから。謝って反省して、改善点を見つけたら、罪悪感を持つのはそこで終わり。

私の身に起こることは、きっと起こるべくして起きて、必ず全て過ぎていく。自分に期待できない臆病な人間は、そんな終わりの感覚を持つと、少し大胆になれる。

「卒業発表の日」

2022.06.17 Friday

6月13日（月）午前2時。いよいよこのエッセイを書き終えないとマズイのに、何を書いたらいいのか本当に分からない。めずらしく緊張しているからだ。日が昇って時刻が13時を回ったら、私は生放送のラジオで、所属しているアイドルグループからの卒業を発表することになっている。でもよく考えたら、長年続けてきた仕事を辞めるとはいえ、一個人の退職を公共の電波で報告するというのも妙な話だなあと思う。応援してくれている人はともかく、普段生活のＢＧＭとしてラジオをつけている人からしたら、いつもと風合いが違うオープニングが始まったなあ、くらいの感覚なのだろうか。

とはいえ、日程が決まってからどうも落ち着かなくて、もうその話題と目先の仕事のことを考えるので精一杯。ということで、ごめんなさい！　共感できるポイントは少ないかもしれないけれど、こんな経験も滅多にないので、発表前後の思考の跡を、ちょっとだけ書いてみます。

私は、どこかしらが完全にだめだと思う。何かにおいては過剰で、何かにおいては枯渇している。欠落している部分を埋めようと頑張っても、やっぱり全然だめなまま生きてきた。とくにラジオでは、ある側面から見た自分はいかに不完全か、大いにさらけ出している。

例えば、東京ドームのステージで緊張のあまりソロパートの音を外したら、昔の自分ならその直後から歌うのが怖くなっていたと思う。でも、昨年のドーム公演では「気持ちが全て声の震えに現れて、一番リアルな姿を見てもらえたんだし、まあいいか」と開き直ってそのまま楽しんでいた自分がいて、我ながらびっくりしたのを覚えている。もちろんうまいに越したことはないんだけど、変にうまくやろうとしなくなったのは、毎日生放送をやっているおかげなのかもしれない。

終わりの感覚を持ちながら物事に取り組む性格なので（前回参照）、実は卒業の意志や日程が固まるよりもずっと前から、「自分がどういう卒業の仕方をしたいか」をぼんやりと想像していた。つくづくありがたい環境だなあと思うのだが、事務所内での前例で言うと、卒業にあたって写真集を出版したり、ラストコンサートを開催するアイドルが多かった。だが私は、自分で自分の写真を見るのがあまり得意ではなくて、自分の名前を冠して興行を打つ自信もない。やりたいことはやり尽くしてきたので自己満足を考える必要はなく、あとは何をすればファンが喜んでくれるのか、ひたすら考え続けていた。だが結局思いつかないまま、決心だけ固めて社長のところへ行ってしまった。
「考えが甘いんじゃないか？」と引き止められたり、逆に「もう関係ないから」と冷たくあしらわれても、辞めたいという申し出だから仕方ないなと、覚悟していた。乃木坂46に所属しているからこそ、得てきた恩恵もたくさんある。いろんな人に興味を持ってもらいやすかったり、初めましての方にも「何者か」が伝わりやすい。身分が明らかであるということは、信用にも直結する。それだけではないけれど、事務所やグループの看板を外しても今までと同じような関係が各所で続くかというと、全て、とはいかなくなるのはそういう背景もあるだろう。芸能人の退所や独立のニュースをよく耳にするようになったけれど、（決断の背景はそれぞれ異なるとはいえ）必ずしも円満に話がまとまっているとは限らない。臆病かつ、あらゆる面でそこそこ欠落している自分が迷う理由なんて、探せばいくらでもあった。

何を言われるかとドキドキしながら対面の席に座り、卒業の意志を伝えた。すると、社長は「いいと思う。寂しいけどさ、山崎はこれからだからなあ」とおっしゃったのだ。予想外だった。しかも、「所属しているうちにやりたいことが思い浮かんだら、できる限り力になるから言って」とまで言ってくださったのだ。

というわけで、その言葉をありがたく鵜呑みにしている。やりたいことを思いつき次第、ざっくりとした企画書を提出したり、長文のＬＩＮＥを送ったりしていたら、実際にこれから発表になるお仕事も生まれ始めた。よその事情に詳しいわけじゃないけれど、辞めると言っている人間に対してこんなに優しい事務所ってなかなかない。素晴らしいチームに恵まれたと思う。

そんなこんなで穏やかな話し合いを重ね、発表の日時と場所が決まった。当日は一睡もできないままTOKYO FMに向かったが、「始まったら終わるまで喋り続けるしかない」という生放送ならではの潔さにも救われながら、無事に放送を終えた。あまり自分に花丸をつけることはないけれど、さすがに今日は頑張ったって誇りたくなって、Uber Eatsをスクロールした。ごちそう食べちゃおうかな。ビールも飲んじゃおうかな。朝からアドレナリンだけで稼働していたので、お腹はからっぽ。今飲んだらおいしいに決まってる。

緊張から解放された帰り道にはそんな欲にまみれていたのに、家に着いて洗面台で手を洗ったくらいから記憶が途切れていて、意識を取り戻すと私はベッドに突っ伏していた。無心で冷蔵庫から納豆とほうれん草を取り出し、パスタを茹でながら大急ぎで原稿を書いている。もともと家で一人飲みをする習慣がないので、ビールの在庫切れにも今さら気付いたが、かといってコンビニまで買いに行くのも面倒になってしまった（そもそも締切ピンチな私に晩酌をする権利はありません!!）。

でもまあ生活ってそんなもんだよなと程良く諦めながら、一番からいミントタブレットを3粒口に放り込み、目に張りついたコンタクトを鏡も見ずに外し、メガネをかけた。

また頑張ろうと誓い、まだ頑張れるよなと自分を励まし、頑張りすぎなくてもいいのではと思い直し、もう二度とない今日がまた終わろうとしている。ここから先、良いことばかりじゃないだろうし、失敗もするだろう。でも行く先々に散らばっている学びやチャンスを拾いながら歩かないともったいない。確固たる自信とか、揺るぎない信念とか、あったらもっと堂々としていられるかもしれないけれど、正直手の内には何もない。私は私にしかなれないけれど、私をアップデートできるのも私だけだ。

2022.07.01 Friday

「小学生のころ」

父は私と一緒に住んでいた時、ひとつだけ後悔していることがあると言う。それは私が小学校に行かずに帰ってきた時、一度だけ叱ってしまったこと。初めて聞いたのは先日、二人で食事をしていた時だったが、叱られたはずの私は今、ぼんやりとしか覚えていない。何しろ、父に会わなかっただけで、学校に行かずに帰ってくることなんて、実は何度もあったからだ。

小学校2年生くらいからだろうか。だんだん学校に行く足取りが重くなり、平日は毎朝憂鬱だった。原因は、女の子からの仲間はずれや軽いやっかみ、男の子からのいたずら。大人になった今なら「気にするな、胸を張れ」と言えるようなことばかりでも、当時の私は神経質で臆病で、周りのほとんど全てが敵に見えていたのかもしれない。鋭い言葉が降りかかると何も言えずに黙って傷つき、やっと言い返せたと思いきや、今度は自分が放った鋭い言葉に自分で傷つく、その繰り返しだった。結局、6年生までのほとんどの時期、私にとって学校は苦手な場所だった。

とはいえ完全に不登校になる度胸はなく、毎日ちゃんと家を出た。成績を下げて怒られるのが嫌だったので、授業もテストもしっかり受けていた。運動は苦手だったが、成績欲しさにとりあえず参加して、見事に失敗し傷痕を作っていた。でも、高学年の時の担任の「昼休みは全員外に出て体を動かせ」という言い分だけはどうしても理解できず、校内にいるのがバレないように下駄箱の外履きを持って図書室に向かったり、保健委員という大義名分で、当番の日以外も保健室に居座ったりした。6年生で吹奏楽部に入ってからは「練習室で自主練していると何も言われない」ということを知り、どうしてもっと早く気づかなかったんだろうと悔やんだ。汗水流して自分の好きなことに打ち込む、みたいなピュアさとは程遠い。ずる賢い子供である。

思いつく限りの悪あがきは全てやった上で、どうしても学校に行けなかった日もある。母に諭されても気が進まず、一旦目の前まで来てみても、すでに遅刻している時点で、重い門に手をかける気になれない。ここまで来たので今日は満点、そう諦めて折り返した後は、しばらく通学路で時間を潰していた。公園、文房具店、駄菓子屋、駅ビルの書店、昔住んでいたマンションの駐車場、今（当時）住んでいるマンションの階段やロビー、駐車場。自宅の玄関を開けずとも、隠れ家はたくさん見つかる。なかでも平日の昼間のドラッグストアは穴場だった（※良い子はマネしないでね）。背丈を余裕で越えるくらい高い棚がいくつも並んでいるし、それほど混んでいないので人目につかない。使いもしないヘアカラー剤の、やけに艶々としたサンプルの毛束をしげしげと眺めながら、共働きの両親がともに出かけているであろう時刻になるまで待ってから、誰もいない我が家に帰宅した。

でも、見計らって帰ってきたのに、ときどき、なぜか父だけが家にいた。当時の父は休日にも出社することがあって、その代休をとっていた時にしれっと私が帰宅し、思わず叱ってしまったのだろう。お互いびっくりしただろうし、学校をサボっているのは事実なので、反論の余地はない。

今となっては懐かしい思い出だし、叱った父のことも全く恨んでいない。なじめなかった小学校のクラスメイトや担任に対する感情も、不思議と消えている。「あー、あの頃の私、悪知恵が働いていたなあ」と、遠景に見えるくらいだ。しかもその私が、圧倒的に男子の生徒数が多い中学になじめたのだ。高校からは学業と並行して、今度は女子しかいないアイドルグループに所属したのだ。大学の学食で、同じように一人でごはんを食べている女子に声をかけて友達を作るなんて、我ながらどうかしている（ざっくり言うとナンパですからね）。今なんて、ラジオという公共の電波越しに見知らぬ誰かに話しかけ、毎日違うゲストと気さくに話している。人生何があるか分からない。

どの経験も、どの感情も、何ひとつ無駄ではなかったような気がして、いや何ひとつ無駄にしてたまるかという気概のようなものさえ芽生え始めている。もしまた美しくない思い出が増えても、それはそれでひとつのエピソードということにして、いつか笑い話になったらいい。

2022.07.15 Friday

「選挙」

自分が選挙特番に出るなんて、考えたこともなかった。日本ではなかなか支持する政治家や政党の話をオープンにする風潮ではないし、家族や友人と政治の話をすることも少なかった。でもよくよく考えたら、そこまでかたくなに隠す必要もない。自分は自分、他人は他人だし、意見が違ったとしてもあえて否定せずに、聞くだけで良い。無理にとは思わないけれど、普段の生活で普通に政治の話ができるようになれば良いのになあと思いながら、とりあえず勉強してみることにした。

勉強し始めて一番驚いたのは、ネット上に残されたアーカイブの豊富さだった。一昔前までは、新聞や政見放送、各党のホームページ、パンフレットなどでしか、候補者の主張や各党の方針を知ることができなかった。テレビに政治家が出演して議論している姿も、平日の夜遅く、あるいは日曜日の朝にしか見ることができなかった。

しかし今はYouTubeを検索すると、選挙期間よりも前に配信された動画がたくさんある。選挙の仕組みや議席の数といった基本的なところを丁寧に解説してくれている動画や、テレビでしか見られないと思っていた政見放送、党の代表同士の論議、有名な政治家へのインタビュー。テレビで放送された党首討論も公式アプリで後日配信され、「選挙」と検索すると関連する特集番組がいくつも引っかかった。

誤解を恐れずに言うと、どんなに調べても、「自分とぴったりだな！」っていう候補者には、今回も出会えなかった。そもそも、候補者にしろ恋人にしろ推しにしろ、まったく同じ考えを持つ人間を見つけるのはほとんど無理だと思った方が気楽なのかもしれない。でも、投票には行く。迷いながら行く。投票は候補者を全肯定することじゃないし、全権を委ねることでもないので、自分の考えを軸としたときの近似値、つまり自分にとってしっくりくる投票先を選んでいる。

だからこそ、自分の投票先にかかわらず、当選した政治家を厳しい目で見守り続ける必要もある。デジタルタトゥーが永久に残り続ける昨今、その人が以前に「やる」と言ったことが実現できているかどうか、簡単に確認できてしまう。それに対して誰かに言及されている映像も、冷静な答え方も、言葉を濁したときの表情も、とても分かりやすく残っている。本当の素顔は誰にも分からない。されどそこには、テキストでは計り知れない人間的な機微が、想像以上に細かく、鮮明に残っている。

選挙期間が始まる前に特集を組んでほしい、最近はメディアへのそんな声もよく耳にする。たしかに、学ぶ機会がもっとあったらうれしい。でも選挙は「これまでの政治の結果」でもあるのだけど、「これからの政治の始まり」でもある。だから、実際の本番は投票日が終わってから。大々的に報じられる当選者の一覧は、結果の一側面でしかない。むしろ、「自分の一票を入れた候補者が当選に近づく」ということ以上に価値が高いのは、国民に選ばれた政治家や政党がこれからどういう政治をするのか、追い続けることで得られる「未来への判断材料」なのかもしれない。

各党がかつて掲げていた公約を、次の選挙前にみんなで検証する。そんな機会が、教育の中にあっても良さそうだ。忙しい日常の中で国会答弁をすべて見るのは難しいので、何か変化が起きるたび、リアルタイムで公約との比較が更新され続けるシステムがあっても便利だと思う。万人がどこからでもチェックできる形ならもっと良い。「各世代あたり何%が投票に行ったか」「選挙当時どんな基準で投票先を選んだのか」といった、選んだ側の理屈も心の中に留めながら、この先を案じてみる。

定期的に行われるこの国の国民投票は、言ったことを実行する人を選ぶことも、実行しない人を見極めて落とすこともできる、ほとんど唯一の手段。若輩者の自分の一票は微力かもしれないが、無力ではない。そう信じたい。

2022.08.05 Friday

「穏やかに冒険する」

自分のことばかり考えているとしんどいから、興味を外に向けた方が気楽だ。何かに没頭することで、今は考えたくない余計なことを、その時間だけは考えないで済む。まさに「浸る」という感覚で、私にとってそれはある種の癒しだ。クイズ番組に出そうな単語のウィキペディアやそれに関連する本を読みあさったり、部屋を真っ暗にしてラジオに耳を傾けたり、何時間も料理をしながら友人と電話したり。一度没頭するとまったく歯止めがきかなくて、やり始めたら体力が尽きるまでやる、極端な人間だった。

しかし最近、むさぼるように没頭する時間が、めっきり減った。文章を読むスピードが遅くなって、単行本を1冊読むのに1週間はかかる。ラジオは「生活の中で聴き流すもの」になったし、料理もすぐ出来上がるものしか作らなくなった。友人との長電話の内容は大体悩みか愚痴だったけれど（笑）、夜中の2時まで話し合うより、睡眠をちゃんと取る方を選ぶようになった。「すべてに対して全力で！」みたいな力の使い方も、できないわけじゃないけれど、激しく消耗した後の補給が大変だから、しなくなった。そのためなら、つまらない選択も、何もしない時間も、大切だ。

色々なものを激しく求め、没頭することが気晴らしになっていた頃は、それ以上に激しく傷ついたり、自分に対する失望も大きかったのだと思う。ひとりでできることなんてほとんどないのに、「完璧を目指さずに、手を抜いてやればいいんだよ」とやさしい言葉をかけてもらって「ああそうだなあ、ありがとう」と思

っても、心の奥底では「いや、全部完璧にやりたいんだ」という頑固さもあった。感情の高低差も激しかったし、ネガティブな問題をともなう事態に見舞われても、様子を見たり逃げたりすればいいのに、「逃げずに立ち向かうぞ」みたいな間違った導火線に火がついてしまっていたのかもしれない。そうやって、何かに振り切ることで、自分の中で欠けたものを取り戻し、バランスを修復してきたのだと思う。

大人になってきた証なのだろうか、だんだんとこの「修復方法」が変わっていった。物事の受け取り方も変わったのか、傷つき方も少し穏やかになった。砕けるとか崩れる、もしくはそれを防ぐためにやり返す、というよりも、まあるくなったり伸びたりするスライム的な心でやわらかく受け止めて、時間をかけて消化する、みたいな受け取り方。伝わるだろうか。

なので最近の私は、穏やかに欠けていったものを、穏やかに回復させる方法を、探している。のんびりとやっていこうとしているわけじゃなくて、じっくりとアイデアを練ってから実行したり、しっかり休みを取ってから次に進んだり、そういうマイペースさを大事にできるようになった。思えば、がむしゃらに突っ走って転んで傷だらけになって、みたいな仕事の仕方をしていた頃よりも、「休むことも仕事」ということを理解し始めた頃からの方が、回り回って良い形で仕事に向き合えるようになった気がしている。

ひとりの時間も相変わらず大切で、たまたま縁がなくて読んだことがなかったマンガ「ONE PIECE」を第1巻から読んでみたり、降りる駅だけ決めて新幹線に乗ってみたりと、小さな範囲から少しずつ冒険してみている。何十回も前を通っているのに一度も入ったことのない喫茶店のインスタを眺めていたら、ストーリーズで桃のパフェを見かけ、仕事帰りに直行した。パフェを自分の意思で食べに行ったことがないと気づいたのだ（なぜか「パフェ食べに行きましょう」と誘われたことはある）。新たな冒険への静かなドキドキを抱えてカウンター席に座り、メニューを開くと、桃のパフェは見当たらなかった。もう今日は売り切れてしまったか、メニューから外れてしまったか。おずおずと店員さんに尋ねてみると、「ご用意できますよ」とのことだった。私にとってはこれも、「メニューに書いてないものを頼む」というちょっとした冒険なのだ。

2022.08.19 Friday

「今とこれから」

この1カ月、今までとは異なる仕事の進め方を試している。私の今の立場から説明すると、「事務所を移籍するのは決まってるんだけど、どこに行くのか決まってない」というなんとも中途半端な状態である。これはひとえに、アイドルをやりながら移籍先を探す、ということができなかった不器用かつ無知な私のせい。

それを理解してくださっている現事務所社長のご提案で、残留期間、すなわちアイドル時代からお世話になっている方々に、一旦身元を預かっていただいている。「もう知りません〜全部自分でやってくださいね」的な突き放しに遭っているわけじゃなく、むしろ私の身を案じて守ってくださっているので、関係各所の皆様には感謝してもしきれない。

　ということでこの期間は、自分でできることはなるべく自分でやっているが、どうしても難しい事務的な部分は、引き続き旧知のスタッフさんがやってくださっている。ラジオ現場での動きはあまり大きく変わらないけれど、事務所を経由して原稿を提出していたこの連載は、編集者さんと直接やり取りさせていただくようになった。記事に掲載される写真も自分で確認するようになり、カメラマンさんに撮影していただいた写真のデータをタブレットにダウンロードし、レタッチが必要だと感じた箇所があれば、タッチペンで書きこんでお願いしている。そういった作業のさじ加減などの小さな疑問が浮かぶたびに、昔から面倒を見てくださっているスタッフさんに尋ねながら、本当に少しずつやれるようになってきた。洗練されていない現在の生活は常時カオスだけれど、How toを指南してくださる方々のおかげで、大きなトラブルを起こさずに進められている。改めまして、この場をお借りして伝えさせてください。預かりの身である私にもやさしくしてくださり、本当にありがとうございます……。

　変わったことで言うと、元々撮り直す予定はなかったのだが、自己判断で宣材写真も新しく撮り直した。アイドル時代の写真を使い続けるわけにもいかないし、メディアへ提出できるプロフィールがない状態が続くと先方を困らせてしまうかもしれないな、自由に使える写真があったほうが便利かな、みたいな思考を巡らせた末である。自分から撮り直したいと言うのだから、当然自分でカメラマンさんにお願いしなければならない。しかしほとんどツテがない。先行き不透明な中、私が10代の頃からお世話になっていたスタイリストさんに「カメラマンさんをご紹介いただけないでしょうか？」と相談したら、紹介どころか、衣装の用意からロケ先への移動車まで用意してくださった。さらには撮影場所も決めてくださり、私が当日までにやるのは、駐車場と準備場所と室内スタジオを会社に借りる手続きだけ。決まった撮影日は意外とすぐだったので、ヘアメイクは自分でやるか、ダメもとでオファーしてみるか迷い、「またザキさんの現場につかせてね」と言ってくださっていたヘアメイクさんに連絡を取ってみたら、快諾してくださった。なんてことだ。特に人生の変わり目では、たとえどんなに目まぐるしくても、差し伸べられた救いの手にちゃんと気づき、感謝し、掴まなくちゃいけない。このご恩は忘れません。

　ここ数週間、頭の中では仕事のことが渦巻き続けているし、ちょっとアドレナリンが出すぎている気もする。翌日の仕事内容によっては、寝ながら夢の中でも仕事しちゃうくらいの緊張っぷりだが、向こう半年くらいは食いっぱぐれても大丈夫なように貯めておいたお金も、どうにか切り崩さずに生きている。予想していなかったような方面からのお仕事も時間の許す限りやらせていただいており、今まで使ってこなかった筋肉をすごく使ってきた。人は分かりやすく美化された過去に恋するし、ある程度分かっている結論に向かって走りたくなる。でも過去を愛おしく思うばかりでは、新しい経験はなかなかできない。予想外の結末に笑ってしまうような出来事とか、珍しい話を聞けそうな出会いとか、それに伴って背負うリスクも増えるかもしれないけれど、そういう自分の思い込みを覆すようなことが人生に起こるうちは、積極的に向かっていったほうが良さそうな気がしている。ただ、「何者かになりたい」のではなく、いろんなものを観察したり経験したり学んだりしたいだけなので、働き盛りと言われる年齢のくせにこんなことを言うと怒られるかもしれないが、最終的に数十年後はなるべく働かず、好きに生きていきたい。

2022.09.02 Friday

「思い立ったが吉日旅 in 金沢【前編】」

ここのところアドレナリンを妙にどばどば放出しちゃっている状態だったので、環境を変えて冷静になるために、とりあえずひとりで東京から離れることにした。私の中には、自分にとってアウェイの環境で危険を感じたい、みたいな願望がある。いつもの場所にいつもの人たちといる時の心地よさも知っているし、友達と行く旅も楽しいけれど、ひとり旅は全然別物。自分がこれまでめぐり合わなかった世界にひとりで潜り込んでいる方が、かえって冷静になれるのだ。

ひとり旅において、決めていることがある。「できるだけ、決めない」ということだ。事前に調べすぎると、実際の旅先では調べたことの確認作業が主になってしまうし、そこからは驚きも疑問も誘発されない。事前にやることは至ってシンプル。家に帰らなくてはいけない日時を把握して、最低限の荷物を片手に、お金や体力と相談しつつ行く先を決める。まったく知らない街の駅に降りるのも良いし、気に入った場所があれば2日連続で通っても良い。帰りたくなったら帰れるように、宿は当日に探すし、1泊だけしかおさえない。誰にも制限されず、邪魔されず、その日の気分で、好き勝手に行動する。行き当たりばったりで出たとこ勝負になるせいで、トラブルだらけになることもあるけれど、成功も失敗も自己責任だから、とがめる人は誰もいない。旅行によくある「せっかくなら現地の食べ物を」なんて肩肘も張らずに、ファストフードが食べたくなったら迷わずマックに行く。とにかく自分自身のためだけに時間を使い、「私はどこへでも好きに行ける」という実感を持つ。それこそが、自分自身にしてあげられる最高の贅沢だと思っている。自分の内に潜んだマイペースさを取り戻し、エネルギーを補充するために、お金をできるだけ経験に変えていきたい。

今回も、なんとなく乗ってみた金沢行きの新幹線で宿を調べ、当日予約で一番安いシングルサイズの部屋を確保した。どこに行くにも便利なエリアに位置しているその宿泊先は、活気あふれる市場のそばの築25年のビジネスホテルをリノベーションしているらしい。予約サイトの写真では分からなかったが、たしかに少し年季の入った建物だった。

ホテルの受付でおすすめのお店を尋ねると、地元の人が通うお寿司屋さんや小料理屋さんなどを教えてくれた。どこも開店時刻まで時間があったので、ぶらりと街を歩き、何の気なしに市場や商店街に入ってみた。江戸時代から続く古本屋さんを覗いたり、骨董品店でお皿を選んだりしているうちに、大粒の雨が勢いよく降り始めた。長居できる場所を求めて地図アプリを開くと、現在地の近くに喫茶店のマークを発見。口コミには、カラメルがたっぷりかかった固焼きプリンの写真が。これは行くしかない。

2022.09.16 Friday

「思い立ったが吉日旅 in 金沢【中編】」

現在地から徒歩3分。すぐに着いたその喫茶店は、さあここで休みなさいとばかりに落ち着いた佇まいをしていた。入口の横に置かれた焙煎機らしきものにも私は心を奪われてしまい、それ以上の移動を完全に諦めた。ドアベルが鳴るともにまず私を迎えてくれたのは、濃厚で複雑なコーヒーの香り。幼い頃はこの香りが苦手で、起き抜けにリビングから漂ってくるとマグカップを手にした父を睨んでいたのに、二十歳を過ぎた頃からこれがないとやっていけない体になってしまった。カウンター席のお客さんが食べているプリンに気を取られながら2つ間を空けて座ると、自家製プリンのメニュースタンドに「今日は売り切れです」というシールが貼られていることに気付いてしまった。

ガックリして視線を落とすと、さまざまなコーヒー豆の説明が細かく記された紙が置かれていた。コスタリカ、マンデリン、ニカラグア、エルサルバドル、ホンジュラス…ざっと20以上はあっただろうか。濃く苦味の強い豆から、淡い酸味のある豆まで、何種類も揃っているらしい。たしかに、カウンターの奥にずらりと並んだ瓶には、それぞれのコーヒー豆の産地のラベルが貼られていて、見ているだけで小旅行気分になれた。クイズ好きでもある私にとっては産地の情報を知るのも楽しいのだが、味へのこだわりはないので、唯一店名が付けられている「ブレンド」を注文した。その店の「ブレンド」は深煎りの部類に入るようで、ほどほどの苦味の中に甘味を感じられる、バランスの取れた一杯だという。

寡黙そうな店員が目の前で豆をひき、ハンドドリップで淹れていく。私はその手さばきを眺めながら、後から入店して後ろのテーブル席に座った3人組のにぎやかな話し声に耳を澄ました。というのも、地域の特性というのは、その地に住む人の、何気ない言動の中にこそ宿っていると思うからだ。窓の外の街行く人や、時間帯ごとに入れ替わるお客さんを眺めているだけでも、地域のことが少しは分かるような気がする。店員への注文や席の決め方も明らかに慣れている様子から察するに、彼女たちは地元民の御一行様だろう。でも聞こえてくるのは大体が何でもないことで、よその家の子供がどうとか、最近の俳優がどうとかいう話だったのですぐに聞き耳を立てるのをやめた。

ちなみに後から調べて知ったのだが、金沢市は全国的にもコーヒーの消費量が多く、喫茶店ブームが起こった昭和50年代前半には市内に900店近くあったらしい。さらに遡って調べると、どうやらかつてこの地をおさめた加賀藩祖・前田利家が千利休に薫陶を受けたことから、金沢でも茶の湯が広まったのだそう。完全な憶測だが、「人と集まって談笑する」という文化が金沢の人々の身近にあり、当然コーヒー好きも多いということなのだろうか。静かに過ごす雰囲気ではないけれど、居心地が良くて、何だか私も誰かと話したくなってしまった。もし近所に住んでいたら、週3回は通ってしまうだろう。

淹れたてのコーヒーの熱さに怯えながら少しずつその味を確認していると、長いスカートをはいた一人の女性客が、左隣の席に座った。店員が奥から筆箱くらいの細長い箱を持ってきて、「これ預かってたやつ」とその女性客に手渡す。「あぁ、あれか」くらいのテンションで軽く受け取っている様子を見るに、どうやらこの方も常連さんなのだろう。すると彼女はトートバッグから大小さまざまな革張りの箱をいくつも取り出し、目の前に広げ始めた。

2022.10.07 Friday

「思い立ったが吉日旅 in 金沢【後編】」

隣の席の彼女は、いろいろな形をした金属を小さな箱の中から取り出し、慣れた手つきで組み立て始めた。指の先で摘むと見えなくなってしまうくらいに小さい水晶のような立方体をさらに取り出すと、長い金属棒の先に固定された黒い枠にはめ込んだ。目の前を少し見回してからその部分を上から覗き込み、あらゆるパーツの角度を調整しているかと思いきや、それを置いてまた別の箱を開いた。先ほど取り出したものは真鍮のような色味だったが、今度はつやっとしたシルバーの棒。手を広げた時の小指から親指くらいの長さだろうか。両端についている部品に特徴があるらしく、その2点を軸にして紙の上を滑らせていた。

……ここまででお気付きかもしれませんが、私はこの5分ほど、隣の席の彼女をずっと観察していました。だって、隣の席との間にアクリル板が設置されているカウンター席は、このコロナ下で珍しいものではないが、彼女ほど区切られたパーソナルスペースの幅いっぱいに私物を広げて楽しそうに過ごしている人を、私は見たことがないから。東京のラジオブースでゲストの話を聞き出している時の私の声を、きっと彼女は知らない。それならますます、謎の金属製の器具らしきものの正体を知る彼女の隣に（偶然とはいえ）居合わせておいて、訳を聞かないわけにはいかないんじゃないかと思えてきたのだ。

「何してるんですか？」当たり前だが、彼女は少し驚いた様子を見せた後、「カ

メラルシダって、聞いたことありますか?」と話し始めた。私が先ほど水晶だと思い込んでいたものはガラスプリズムで、枠の穴から正しい角度で覗き込むと、覗いた先にある物体の姿がプリズムの中で2度反射して、手もとにある紙の表面の画像とが重ね合わさって見える。こうすることで、遠近感の正しい透視画や、本物そっくりの絵を描くことができるのだという。１８００年代初頭に生み出されたこの光学装置は、欧米、とりわけドイツやアメリカで活用され、対して日本ではほとんど使われていた形跡はないらしい。なので研究者もほとんどいないのだが、カメラルシダの原理に基づいたテクノロジーは現代まで活かされているのだという。

そして彼女はもともと金沢の出身ではなく、大学入学とともに移り住み、以来定住して研究を続けているのだと言った。研究室から環境を変えて作業をするためにこの喫茶店には10年以上通っているとも言い、こうして「何してるんですか?」と尋ねられることも、カメラルシダの使用方法を教えたり、やってみせたりすることも珍しくないらしい。

予想外の土砂降りから逃れるために立ち寄った喫茶店。おやつの時間というにはまだ早いから、コーヒーだけ飲み終わったらすぐに出ようと思っていたのに、時計の針は5時を回っていた。このお姉さんは初対面の私相手に2時間以上しゃべってくれていたということになる。まだまだ続きが気になるところだが、そろそろ出ようかと思い、楽しい話を聞かせてもらったお礼と別れを告げると、「そういえば、あなたは何をしている人なんですか」と尋ねられた。東京のラジオ局で平日毎日しゃべっています、と伝え、私は店を出た。

2022.10.28 Friday

「知らないことだらけの日々」

夏の選挙特番を皮切りに、最近、テレビの情報番組への出演依頼をいただくようになった。やってみないと向き不向きも分からないからという先輩たちからのアドバイスのもと、出演させていただいている。情報番組に限らず、週に6本やっているラジオもまた、毎日違う人たちと違う内容を話し合う仕事だ。チームプレーでもあるので、基本的には我が我がと出しゃばりたくはないし、これからもなるべく人の話に耳を傾けられる人でありたい。ただ、自分の意見を求められ、それに応えること、発言することが、仕事上での私の役割でもある。だからいつも直前まで悩むのだ。弱音を吐こうと思えばいくらでも吐ける。自分が善悪をしっかり判断できるような大層な人間だとは微塵《みじん》も思っていないし、生放送の短い時間に、ひとつの立場に腰を据えて意見を述べるのは難しい。自分の言葉が無意識のうちに誰かを傷つけてしまうかもしれない、そのリスクを負ってまで言わなきゃいけないものなどない。

　素朴な疑問をぶつけていいと言われてはいるものの、事の成り行きをまったく知らずに話すのは気が引けるので、自分なりに準備してから向かう。もちろんどんなに準備をしても知らないことはたくさんあって、持てる限りの知識と記憶を頼りにやっていても全く足りていない感じが時々苦しい。海外アーティストの名前や名作映画のタイトルが急に会話の流れで飛び出した時、正直にきょとんとしてしまう。背伸びするのはもっと良くないけれど、世代じゃないから知らなくても仕方ない、では済まされないことも往々にしてある。結局やっているのは自分だから、これまでの経験とか記憶とか感情とかからしか言葉は出せないし、それをどれだけ豊かにしていけるかを問われる仕事でもあるのかもしれない。でも、自分はどちらかというと好奇心旺盛な人間だと思っていたのに、最近は仕事以外の時間で何に興味を持ったら良いのか分からない。正直、ひとにもモノにもなかなか興味を持てなくなっている。変に緊張感が強いのだと思うし、なんとなく、この心の鈍さは危ないな、とも思う。

　自分が何をしたら楽しいのか、何をしたらしんどいのか、何をされたらうれしいのか、何をされたら悲しいのか、何を食べたらおいしいと思うのか。自分の好きなことをしたり、好きな人たちと会ったり、普通の自分の生活を大事にできていないと、きっと良い仕事はできない。細部に手が回らないことがあったとしても、土壇場でなんとかなっちゃうような、奇跡の力、みたいなものを発揮できるようにしたい。普通の自分の生活を脅かさないように、全力を出していくところと手を抜いていけるところを分けて、頑張りすぎずに生きたい。

2022.11.04 Friday

「絶対にどうでもよくない人」

用もないのに、連絡を取り合っている人がいた。あまりにも気分転換の時間が足りないと、胸の奥がズシッと重くなって、喉がつかえる。かといって、旅に出たり、買い物をしたり、おいしいものを食べに行ったりする気力も体力もない。そんな時ありがたいのが、気心の知れた人の、声だった。話すのも楽しいけど、聴くだけでも楽しいと感じるのは、きっと本当に好きな声だけだ。声だけで元気にしてくる人はすごい。一周まわって怖くもある。声や話し方が好きだと、何故かしょうもない話でも聞いていられる。どうでもいい話を延々と続けられる人は私にとって絶対にどうでもよくない人で、私はその存在に用があるという感じだった。

でも人は、会える時に会っておかないと、本当に会えなくなる。電話越しの声をその人との最後にしてしまったのは自分なのに、会おうとしなかったことを後悔している。ちょっと連絡が取りやすくて電車で行ける距離に住んでるからって、その環境にあぐらをかいていた私が悪いのだけど。苦し紛れに適当な言い訳をしてでもいいから、会って、ちゃんと目を見て、笑顔で話せば良かった。

声を聴かなければ忘れられるかな、と思っていたのに、そんな単純じゃなかった。寂しいのは声を聴けなくなったこと自体ではなくて、時間の経過とともに、ゆっくりと、まるで光が消えていくようにその存在ごと忘れていかざるを得ないことだった。しかもそういう時に限って冷静で、言葉もなく、涙すら出てこないのであった。案外、楽しい記憶があればあるほど、もう二度と会えないのだという実感も湧きづらい。

どんな会話や表情が、その人との最後になるか、誰にも分からない。それでも私たちは、受け止めきれない今日を越えて、明日を迎えていかなければならない。人と会うたびに「これが最後かもしれない」と思っていると気がもたないので潜在意識にとどめているけれど、お願いだから別れ際は気持ちよく、手を振らせてほしい。

そして先日、10代のかなり濃い時間をともに過ごした友人に、子どもが生まれた。彼女が妊娠を報告してくれた時からすごく楽しみにしていた。母子ともに健康で対面できる日を願ってやまなかった。出産を乗り越えた彼女と新たな生命の誕生に、今もずっと感動と敬意が止まらない。私よりうんと小柄な彼女のお腹の中から出てきた、生まれたてほやほやの赤ちゃんの写真を見て、胸が熱くなった。熱くなって、うれしくて、早く会いたいのに、もどかしい。だって、生まれるまでのカウントダウンは与えられるのに、別れはたいてい突然やってくるの、ほんのちょっとだけ、ずるいって思っちゃったから。そしてそんな惑いを、ひとりで声にできるわけがないから。

不規則な生活をしている方だと思うけれど、唯一のルーティンは日記。書き始めたのは数年前、自分のことを客観的に見れていない部分があって周りがやりづらい、と第三者に言われてから。言われたときは言葉の威力に面食らったけれど、どこか遠いところから冷静に自分自身を見ておかないと、人は無意識のうちに他人を傷つけたり、調子に乗ったりするのだろう。あえて大袈裟な言い方をすると、意図せず加害者になるかもしれない。それが私はとてつもなく怖い。

あえて言うほどでもないけれど、あちこちに興味が湧いて三日坊主になりがちな私でも続けられている秘訣は、毎日必ず目につくところに日記を置いておくこと。引き出しにしまっていたら存在ごと忘れてしまうので、今はベッドサイドに出しっぱなしにして、寝る前に書き留めている。覚えておきたいことは山ほどあるのに、外部からの刺激によって混ぜこぜになった感情は、時間が経つと記憶の奥底に消えていく。でも一度書くと記憶に定着しやすくて、人との会話の糸口にもなるし、「また何もない日々を過ごしてしまった…」みたいな虚無感や、漠然とした不安や怖さを抱えることも減った。不安に取り囲まれてしまうと、出口が見つけられなくなって自分で自分をもっと追い込んでしまうのに、あとから俯瞰して考えるとたいていはどうってことない。だから、日記を始めて、毎日自分を俯瞰する時間を作って、良かったなと思っている。

過ぎゆく時間を紙に残す作業は、単純に振り返るだけでなく、自分の価値観や感覚の点検でもある。この連載もそう。自分の話を書いているのに、客観的な視点が多くて、小説を読んでるみたいだと言われたことがある。でもそれって、エッセイとして、生活の当事者として、どうなんだろう。最近は、自分のことを離れたところから見ようとしすぎるのも良くないなと思い始めている。だから先日、麒麟の川島明さんから「山崎さんって、ずっと物事を俯瞰で見てますよね。防犯カメラみたいな景色で、冷静に」と言われたとき、少し動揺した。あなたはそのままで大丈夫と言ってくださったのがうれしかった。だけど、自分を俯瞰している自分に冷めてしまう性格を、少し呪いたくもなった。

2022.11.18 Friday

「俯瞰日記」

2022.12.02 Friday

「新幹線」

日々の中で感じたモヤモヤは、ポイント制にしている。それが貯まると好きなものを買って、ワクワクしながら家に帰ってくる。そうすると、不快なことがあっても最後は「ポイントありがとう！」というポジティブな気持ちになれる。ポイントと換金するお金を「心の防衛費」と呼び、5～6ポイントで満点判定、不快レベルによっては即ご褒美を買っている。

　そろそろ貯まってきたかなと思ったところで私がよく買うのは、新幹線のチケット。どこに行くかではなく、あの速い乗り物で、東京から物理的に離れるのが大事。それに、新幹線に乗ってどんどん景色が変わっていくのを眺めていると、東京で感じていたストレスや圧みたいなものが弱まる気がする。新幹線の中だと異様に原稿が進む。出演する番組のアンケートに回答する手も、仕事用に読んでいる本のページをめくる手も進むので、遠征で家を空ける時には必ずパソコンか本を持ったか確認している。最近は名古屋や大阪での仕事が増え、毎週末いろんな県を訪れているのだが、今のところ東京～名古屋間の1時間半が一番ちょうどいい。ちょっと頭の回転が鈍くなってくると、私は新幹線の窓からいろんな町を見て「もしもここに住んだらごっこ」をよくやる。有意義かは別として、想像がふくらんで楽しい。車窓から雨にけむる景色を眺めながら、車内販売で買ったスジャータの硬すぎるアイスをつっつく。

　車内では、ほかの人がどう過ごしているのか丸見えなのに、誰も人目を気にせず、まるで個室にいるかのように気ままに過ごしている。パタリと倒した薄い小さなテーブルのひとつひとつにそれぞれの世界が広がっているのを見るとワクワクする。おじさんが食べているマックのポテトの強烈な匂いも気にはなるけれど、ジャンクな食べ物でしか癒せない心理状態ってあるよなあと共鳴してしまう。通路を挟んで反対側の席のお姉さんが缶ビールのプルタブをプシュッと鳴らしているところに遭遇できた日には、「ああ、いいもの見たな」とうれしくなる。マックのポテトでしか埋められない心の穴が空いてしまったり、飲まないとやってられないほどの疲労感が押し寄せてきたりするのは、分からなくもない。私も551の肉まんを買って帰る時は、心の中で謝りつつも、「同じ車両に乗る人たちに怒られても構わないぞ！」という強者モードのメンタルになっている。

　ところで、新幹線の乗車中に仕事や読書がめちゃくちゃはかどるのと、車内Ｗｉ－Ｆｉを含む通信環境がポンコツなのは、因果関係があるのだろうか。トンネルに入るとめっぽう弱い。決して文句を言っているつもりはないし、因果関係があったとしても新幹線好きとして認めたくない。そもそも、２０００㎞の距離を10分おきに時間通り走る電車がある国なんて、世界中で日本だけなのだ。時間通りに電車が来る、ほとんど停電がない、みんな改札を並んで通る。これらがもたらす経済効果は凄まじい。お金をかければ駅や車両は整備できるかもしれないが、それを支え、上手く動かせる人が育つには時間がかかる。鉄道関係に携わるすべての皆様に心から感謝しております。いつも本当にありがとうございます。などと考えていたら目的地に着きました。さて、今日もお仕事頑張ります。

2022.12.16 Friday

「また会いたい人」

先日、とある人生の先輩に「またラジオでお話しできたらうれしいです」と勇気を出してご連絡したら、直後に「いつでも呼んでください！」とお返事をいただき、喜びのあまりベッドの上で本当に「わーーー！」と声が漏れてしまった。その方がお忙しいのはもちろんのこと、以前お会いしたのはすべてスタッフ間の連絡で決まった対談だったので、私から「またお話ししたいです」なんて言っていいものなのかと、何週間もメッセージを打っては消して、打っては消してを繰り返していたのだ。

ようやくメッセージを送る決意ができたのには、2つの理由があった。ひとつめは、前回お会いした直後と、そこから半年ほど経った時の2度も、「また呼んでください」と連絡をくださっていたから。1度なら社交辞令やその場の流れだったりもするけれど、期間を空けて2度も言ってくださる方はなかなかいない。自分と話した時間が、相手にとっても楽しい思い出として記憶に残っているのかもしれないと思うと、こんなにありがたいことはない。

もうひとつは独りよがりな理由。会いたい人がいると自分が頑張れるから。少しくらいのことには「まあいいや」となれて、しばらく前向きに過ごせてしまう。物欲も名誉欲もない今の私の原動力は、話していると楽しくて、もっと知りたくなってしまう人に会いたいだけ。屈託のなさ、ためらいのなさ、妥協のなさ、フットワークの軽さ、意志の強さ、自分を信じる力の強さ、そういうものを目の当たりにするたびに、引き続きよろしくお願いいたしますと、心から思う。お会いするまではあまり詳しくは存じ上げなかったけれど、今回ご連絡した先輩も、そんな自由で風通しのいい素敵な方。おそらくご本人は普通にいつも通りの言葉で話し、いつも通りに行動していただけなのだろうけど、初めてお会いした時から私にはとても新鮮だった。多くの人を惹きつけ、憧れられている理由が、少し分かったような気がした。どなたの話をしているのかは、いつか対談が実現した後に。

一方で、会いたいけど一体どうすれば会えるのか分からなくなってしまった人や、心の距離は近いはずなのに連絡先を知らず、さっぱり音沙汰のない人のことも、ときどき思い出す。ニュースで芸能人の訃報を見るたびに、会いたい人たちに会えなくなったらどうしようかなどと考えるし、（縁起でもないけれど）ちょっとでも想像すると一瞬で泣けるくらいさみしい。これを書いている今も、涙が目の奥から上がってきて、お腹がぎゅっとなっている。会いたい人に「会いたい」と言わずに、会いに行こうとせずに後悔するのはもうたくさん。お金も気持ちも出し惜しみして、そのまま死んでしまうのは避けたい。だから来年は、人に会って話を聞くために、海外にも行ってみようと思っている。思い立ったが吉日。円安でびっくりするほど高くなった飛行機の往復チケットも、もう買ってある。話したい時に話せる尊さを、忘れずにいたい。オンラインで顔を見ることも声を聴くこともたやすい時代になっても、会って、時間を一緒に使わせてもらうことは、ずっと贅沢で特別なことだから。そして私も、誰かから「また会いたい」と思ってもらえる人になりたい。

三谷さん、可愛げの作り方を教えてください！

脚本家・三谷幸喜さんとの対談

三谷さんの描く人物は、必ず〝可愛げ〟が垣間見えるんです。（山崎）

お二人の初対面は、三谷幸喜さんが手掛けたミュージカル『日本の歴史』（2021）のパンフレットでの対談でした。三谷さんが山崎さんの著書『歴史のじかん』を読まれたことがきっかけだったそうで、対談以降も大河ドラマ『鎌倉殿の13人』がはじまると、山崎さんから感想や質問をメールで送るなど交流が続いたのだとか。ところが今回の対談テ

［山崎］ワンピース18,700円（ヘリンドットサイ｜バロックジャパンリミテッド ☎03-6730-9191）／ネックレス9,900円（デミルクス ビームス｜デミルクス ビームス 池袋 ☎03-5957-5791）／リング7,480円（ジュール クチュール｜デミルクス ビームス 池袋）／イヤリング3,630円（kiku製作所 https://kiku-seisakujo.jimdofree.com/）／キャミソール、ソックスはスタイリスト私物

ーマは、歴史ではなく〝可愛げ〞について。というのも山崎さん、幼い頃から「愛嬌がない」と言われて育ったとのこと。

　これまでに数多くの愛される一面を持つキャラクターを生み出してきた三谷さんならば、きっと可愛げの正体をご存じのはずと胸を高鳴らせます。果たして三谷さんの答えとは？

愛嬌がない、と落ち込んでいる姿に僕は愛嬌を感じますね。（三谷）

みたに・こうき／1961年7月8日、東京都生まれ。日本大学藝術学部演劇学科卒業。直近の作品に、舞台『ショウ・マスト・ゴー・オン』、『笑の大学』、大河ドラマ『鎌倉殿の13人』、映画『記憶にございません！』など。

三谷　山崎さんと初めてお会いした時は、実はちょっと怖かったんですね。僕ね、結構緊張していました。「この人に侮られてはいけない」と。下手なことは言えないし、何か間違ったことを言うと「それは違います」と指摘されそうで。ドキドキしながら話したのを覚えています。

山崎　え!! それは会う前の印象ですか？ それとも会ってから？

三谷　会う前も、実際お会いしてからも印象は変わらなかった。“学校の先生”みたいな感じ。言葉もハキハキされているし、ムダのない話し方をされる。「あの〜」や「えーっと」がなくて、僕はそういうおかずをつけないとしゃべれない方なので、この人はタダ者ではない！と足が震えた。

山崎　いやいや、私も緊張していましたよ。「三谷さんとの対談のオファーが来ています」と事務所の上の方のポジションのスタッフから言われたんです。緊張感が漂って、私よりも周りのスタッフさんが浮き足立ってました。でも実際にお会いして、お話しさせていただくとすごく楽しくて。

三谷　本当ですか？ むしろ嫌われたかと思ってました。

山崎　（笑）三谷さんの歴史上の人物の捉え方や、ちょっとダメな人が好きというのも面白かったですし、そもそも小学生の頃から大河ドラマが好きということ自体を分かち合ってくれる人がいなかったんですね。だからうれしくて。

三谷　対談の時に山崎さんが蒲生《がもう》氏郷《うじさと》の話をされたでしょう。僕もそんなに詳しくないマイナーな武将の話をされるから、これはまずいな、太刀打ちできないと。多分僕の方が年上のはずなのに、完全に腰が引けてしまった。ところがそのあと山崎さんのラジオに出演した時は、雰囲気が全然違っていて、びっくりしたんです。同じ人だと思えなかった。怖くなかった。

山崎　二重人格！（笑）

三谷　表情も穏やかでよく笑うし、先生のイメージは皆無。その後、メールでやりとりをさせていただくようになって、だんだんわかってきたんですが、きっとどちらも本当の山崎さんなんだろうなと。うれしかったのは、僕の歴史観とか大河ドラマを書く上でのノウハウみたいなものって、取材で答えることはあっても、プライベートで話す相手はなかなかいないんです。ところが山崎さんはいろいろ聞いてこられる。しかも質問が的確というか、鋭いところを突いてくる。そういう人ってなかなかいないから、ちょっと感動しまして。

山崎　大河ドラマを見終わると、毎週メールを送っていたんです。

でも時々は仕事が詰まってしまって、3週分溜めてしまったこともありましたが。

三谷　何週も連続で感想をいただいた後に突然メールが来なくなった時は、かなり不安に駆られました。もう飽きてしまったのではないかと。

山崎　違います！（笑）

三谷　こちらからメールするのも恥ずかしいので待つしかない。だから3週まとめての感想をいただいた時はうれしかったなぁ。

山崎　すごく長〜いやつを。

三谷　そう、長大な感想をいただきました。

山崎　面白かったのは、『鎌倉殿』で大きな転換期を迎える第15話の放送日の朝8時頃に三谷さんから「おはようございます。今日の鎌倉殿は、見逃すと損します」とたった2行だけのメールをいただいたこと。

三谷　その時も2週にわたって、山崎さんから感想がなかったので、心配だったんです。だから思い切ってこちらからメールしました。

山崎　前日に夜通しで3週分見て、15話はリアタイできるよう備えていたんですよ。決して飽きたわけじゃなかったんですが、三谷さんからの予告が面白かった（笑）。

三谷　感想をいただいたり、質問に答えていくうちに、大げさな言い方ですけど、だんだんね、僕はこの人に後を託そうという気持ちになってきた。

山崎　俳優でもないですよ、私。

三谷　そんな気持ちで、僕はやりとりをしていました。

山崎　確かに、「北条政子の婚姻のシーンはこの場面が頭にあったんです」と、インスパイアされた映画『クレオパトラ』の動画のリンクが貼ってあったり。

三谷　そうなんですよ。手の内を全てさらけ出したくなった。

山崎　私はなんせエンタメに全然詳しくないですし、映画やドラマも全然見てきてないんです。そんな私に三谷さんが、ご自身の頭の中にあるイメージをおすそわけしてくださっているようで。

三谷　この人ならわかってくれると。

山崎　私でいいんですか？

三谷　僕は交友関係が狭くて、LINEもやらないので、山崎さんは本当に貴重な存在です。勝手に友達の気持ちでいます。

山崎　やったー！ うれしいです。

三谷　だけど『鎌倉殿』が終わったら話すことがなくなって、メールのやりとりもプツンと途絶えたじゃないですか。だから今日は呼んでくださって本当にありがたかったです。

山崎　こうしてご縁があって、三谷さんの作品に触れる機会も増えてきた中で、改めて三谷さんが人をどう描いているのか？みたいな部分が気になりだしたんです。なんでこんなに人間の可愛いところをいっぱい知っているんだろうと。『鎌倉殿』のとあるシーンでも、坂口健太郎さんが演じる北条泰時に、瀬戸康史さんが演じるトキューサ（北条時房）が「愛嬌が大事だぞ」と言うシーンもあったりして。印象に残ってます。

三谷　そういえば今回、対談内容を聞いてびっくりしたんです。今まで僕らは歴史がらみの話しかしてないじゃないですか。というか、他に共通点もないし、僕にそれ以外の質問をするなんて無謀ですよ。

山崎　いえいえ、例えば『吾妻鏡』（三谷さんが『鎌倉殿』の脚本の軸とした歴史書）は紙に文字で書かれたものじゃないですか？

三谷　はい。

山崎　そういう資料を読んで、人のチャーミングなところや些細な可愛らしさにはどうやって気づくんですか？　さらに映像化するための脚本を書くわけなので、三谷さんのように人の愛嬌に気づける人は、愛嬌が何なのかがわかってるということなのかなと思うんです。私は、小さい頃から愛嬌がないと言われてきたタイプで……。

三谷　僕からすると、愛嬌がない感じはしないですけどね。愛嬌ないんですよ〜って言うのが、もう愛嬌な感じもしますが。

山崎　ラジオに来てくださった時、瀬戸康史さんのことを「彼は愛嬌があって可愛いんですよ」とおっしゃってました。どんなところにそう感じたんですか？

三谷　瀬戸さんとご一緒する前に、実は彼の映像作品を拝見したことがほとんどなくて、最初に仕事をしたのが2020年の『23階の笑い』というニール・サイモン作の舞台だったんです。キャスティングも僕ではなかったので、初めてお会いしたのが稽古場。コロナ禍でしたのでマスクをしているし、ご本人の顔の上半分しかわからないままでした。いざ、衣装をつけて通し稽古をする段になって初めて彼の顔の全貌を知ったんですが、目元の感じと、顔の下半分とのイメージが一致しなくて……。

山崎　瀬戸さんについて、調べたりしてなかったんですか？

三谷　そう、だからなんだか面白くて。眉は凛々しくて、目もぱっちりしてるけど、下半分はライオンの赤ちゃんみたい（笑）。お芝居している姿も、稽古場での居方も、その現場では最年少だったんだけど、とにかくみんなに愛される人で。お芝居も頭で考えずに自由にやってみるタイプという印象が残りました。大河ドラマでトキューサをやってもらう時に、僕が思っている彼そのもので演じてもらおうと、本人のイメージそのままで脚本を書いたんです。

山崎　へぇ〜！

三谷　そのあとで、彼が刑事役で登場するドラマをようやく観たんです。もうびっくり。この人、こういう役もやるんだと。僕の中ではトキューサのイメージしかなかったので、カッコいい彼がむしろ新鮮。順番が逆なんですよね。何か面白いことを言ったり、みんなが喜ぶ空気感に持っていくのは頭がよくないとできない。彼はとても賢い人で、知的な部分も含めてトキューサっぽいなと。

山崎　私はまず、面白いことが言えないんですよ。頭で考えてしまうので〝咄嗟〟ができない。

三谷　愛嬌って、僕もちゃんと考えたことがないし、愛嬌がある人が実はどんな人かはわからないけど、逆に愛嬌がない人はと考えると、なんとなくわかる。スキがない人。しっかりしている、きちんとしている人は愛嬌が見えにくいのかなと思いますね。

山崎　去年くらいから報道番組や選挙特番といったちょっと硬めの仕事が増えて、よりしっかりしているように見えてしまっているのかも。『鎌倉殿』に出てくる人は、誰もがちょっとずつ違った可愛い個性が描かれてましたが、セリフやストーリーで俳優さんや役の魅力を引き出そうという意図はあるんですか？

三谷　役者さんたちの隠れた新しい魅力を引き出したつもりは全くないですね。そもそも役者さんの魅力って、あえて僕が引き出すほど奥の方に隠れているものではない。例えば、佐藤浩市さんも普通に話してみるだけで面白くて、愛嬌がある。みなさんが元々持ち合わせている素敵な部分をお借りして、キャラクターとして作ったという考え方が正しい気がします。

山崎　三谷さんは、俳優さんがお芝居する姿ではなく、バラエティ番組に出ているのをけっこう見ているとおっしゃってましたよね。

三谷　そうですね、番宣でクイズ番組や情報番組に出演している姿をよく見ています。あとは舞台にしても映画にしても、一度でいいから一緒に仕事をして、時間を共有すると、やはり見えてくるものがたくさんあるなと思います。会うことがやっぱり一番手っ取り早いんです。30分くらい話すだけでも、この人にこんなお芝居をさせてみたいとアイデアが出てきますから。会わないとダメですね。

山崎　ちなみにどんな部分を見ているんですか？

三谷　例えば、義経を演じた菅田将暉さんに関しては、3年前くらいの日本アカデミー賞のパーティ中、トイレでばったり会うという、変なシチュエーションでの出会いでした。大河に出演していただくことは決定していたので、「よろしくお願いします」と挨拶しつつも、果たしてこんな状態で挨拶していいのか?と彼の戸惑いが伝わってきて。その礼儀正しさ、ドギマギしている表情も面白かったんですよ。たった30秒くらいのやりとりでしたけど、得るものが多くて、あの時の印象から彼が演じる義経を作っていきました。彼に会ったのはその時だけ。

山崎　一瞬でその人らしさを見抜く観察眼は昔からですか?

三谷　いえ、この仕事をするようになって、そういうつもりで見るようになったからかもしれません。話戻るけど、山崎さんがね、もし本当に愛嬌が必要だと思っているなら簡単ですよ。スキを作ればいいんだから。服のボタンをひとつかけちがえておく。それだけです。愛嬌ってそんな程度のものじゃないのかな。

山崎　今のボタンの例えもですが、三谷さんのようにユーモアがパッと出てくるのも、私には足りないところ。面白いことを自分で捻出できず、偶発的なものか、人に乗っかることしかできなくて……。

三谷　ラジオでは楽しそうにお話しされているし、実際に聴いていて楽しいですよ。考えすぎでは。

山崎　ありがとうございます。その点、三谷さんはどんな環境や状況でも笑いを届け続けていますよね。最近だと、安住（紳一郎）さんがいない『情報7daysニュースキャスター』でお一人で総合司会を務めた時も、ピンチヒッターとしてご自分の舞台で急遽主役の代役をお務めになった時もずっと面白かったです。

三谷　めちゃくちゃ緊張していて余裕がなかったですけどね。でも面白そうなことにはなるべくチャレンジしなくちゃとは思っています。僕みたいな素人が安住さんの代役をやるって、それだけで面白いですからね、客観的に見ると。そう思ったらやるしかない。

山崎　三谷さんの場合は、挑戦の場が突然訪れがちですよね。その怖さったらないなと思いました。

三谷　そうなんです。どのチャレンジも、実は僕発信のものってあんまりないんです。みなさんが僕に何かをやらせてみようと思ってくださる。その志に打たれると期待に応えたくなるんです。結果、応えられない時もあるけど。

山崎　なるほど〜。

三谷　『FNS歌謡祭』でAKB48さんと共演したこともあって……。

山崎　あ、歌ってましたね。

三谷　そんな突き放した言い方しないでください（笑）。元々は『堂本兄弟』という番組のプロデューサーさんが、当時、『FNS歌謡祭』の総合プロデュースを担当していて。『堂本兄弟』はゲストが歌わなきゃいけない番組ですが、僕は歌が下手だし、カッコつけても恥ずかしいだけ。なるべく難しい歌に挑戦して、下手でいいから面白く歌うことだけを心がけていました。それがFNSに繋がった。

山崎　全力で乗っかっていくのが、三谷さんらしいですね。

三谷　面白いことを考える人がいるなら、断るわけにはいかない。

山崎　それが本業でなくても?

三谷　う〜ん、なんだろなあ。面白いことに染まっていたいのかな。あとは、権威っぽくなるのが嫌なのかもしれないですね。大河ドラマを三本も書いたら、やっぱり大物脚本家みたいになっちゃうじゃないですか。そう思われるのはすごく苦手ですね。もともとそんな大した人間じゃないから。なるべく権威的じゃない方に行こう行こうとしてるのかも。馬鹿にされるくらいがちょうどいい。それが僕のポジションのような気がするんです。山崎さんもそういう意味では、無意識ながらに自分の役割みたいなものがわかっているような気がするんです。ユーモアがない風に見えるけど、それがむしろ面白さに繋がることに自覚はないですか。

山崎　ラジオのスタッフさんからは"真人間"とイジられがちです。お笑い芸人さんのボケを上手に拾えないから、リスナーさんにも「あ、またボケを殺したな」と思われてそう。

三谷　だからそれが山崎さんなりのユーモアのセンスで、面白がられる部分なんですよ。黒柳徹子さんと重なります。

山崎　何だか光栄です……となると真面目とユーモアは相反するものではない?

三谷　そうだと思います。山崎さんはご自分で愛嬌もユーモアもないって言うけど、そもそもこうして楽しくお話ができますし。

山崎　ありがとうございます。私、自己評価が低いのかもしれない。

三谷　あ、僕もそう。むしろ自己評価が高い人の方がユーモアがないんじゃないですか。自己評価が低いとやっぱり不安ですから、何か面白いことを言わなきゃと必死になるじゃないですか。

山崎　じゃあ、自己評価は低いままでいようと思います（笑）。

三谷　はい、そのままで。

三谷さんはどんな環境、状況でも、もれなく面白いスゴイ人。（山崎）

僕は自己評価が低いから、必死になって“面白い”を探してるだけ。（三谷）

Thank you.

おわりに

アイドルをやっていた9年半で写真集を出さなかった自分が、まさか今フォトエッセイを出すなんて思ってもみなかった。なぜなら私は、私という人間がいかに「どうかしている」かを知っている分、自分が写っている写真を直視できないのだ。私の日常といえば、まずどれくらい多くの人たちが聴いているのか分からないラジオで、毎日同じ時間帯に話をしている。その後はテレビの収録に参加し、再び人前で喋り続ける。しかし帰宅後は、洗濯機が回るのをただ眺めていたり、バランスボールに乗ってエッセイを書いていたり、眠れない夜には外をうろうろしているのだ。結構ぞっとする話だろう。「元アイドルが?」と言われてしまうかもしれないが、残念ながら在籍時代からそんな感じで生きている。だから、プロ中のプロの方々の技術のおかげで写真自体は素晴らしいものに仕上がったとしても、人前に出て美しい衣装に身を包んでいる自分を、私は長時間、見続けることができない。我ながら面倒くさいが仕方がない。これが私なのだ。「何で芸能の仕事をしているの?」と疑問を抱かれても「どうしてですかねえ」と半笑いでお茶を濁すしかない。でも理由を挙げるとしたら、この仕事で出会った人たちが好きだから、かもしれない。

私とＨａｎａｋｏ編集部の皆さんとのご縁を最初に繋げてくださったのは、文筆家の木村綾子さん。私が進行を務めていた歴史番組の収録で出会い、番組が書籍化されるタイミングで木村さんがウェブメディア『Hanako.tokyo』の連載に呼んでくださった。「本を作るのが楽しかったなら、もっと書いてみたらいいと思います!」その言葉が後押しとなり、出版まわりを支えてくださっていたマネージャーの小林未歩さんに、エッセイの連載を持ちたいと伝えるようになった。移動車で一緒になるたびに「こんな内容なら読んでみたくなるんじゃないか」「あのラジオのフリートークは文章にすればもっと膨らませられるんじゃないか」なんて話を持ちかけ、彼女も率直な意見をくれたおかげで想像が膨らんだ。しかし事務所に所属しているタレントである以上、まずは事務所内でいくつかの関門を突破しなければならない。忙しい大人たちの時間を削って話を聞いてもらうのは憚《はばか》られるし、まずは企画書を出してみよう。とはいえ何を書けばいいのか分からず木村さんに相談したところ、前書きやテーマ案など企画書に必要な素材を「私ならこうまとめます」とたたき台まで見せてくださったのだ。好奇心と勢いだけで動き始めてしまった私にとって、木村さんはまさに救世主だった。

もし２０２１年の夏に連載が始まっていなかったら、私は早々に言葉の消化不良を起こして病んでいたかもしれない。忙しくなると自分にとって書くことがセラピーになると気づいてからは、考える余裕がない時ほどとにかくまず書き出すことにしている。特に行き詰まった時は、何でもいいから書く。すると不思議なもので、書いたり直したりしているうちに頭の奥の方へ追いやっていた本音が見えてくる。その文章で誰かが喜んでくれたらラッキーだし、自分の歪んだ部分も許せて心にゆとりが生まれる。人に優しくするにはその余裕が必要だし、余裕を持つためには自分への優しさが必要。他人への優しさは、自分への優しさのおすそわけである。

これからも人にやさしく
自分に正直に生きるぞー！

エッセイと一緒に掲載される写真の撮影現場はいつもにぎやかで明るい。スタイリストの細沼ちえさんが用意してくださる衣装は色鮮やかで、一癖ある素材も多い。自分では挑戦しないファッションに出会えた時、身にまとうと体型のコンプレックスなんてどうでもよくなるくらい胸が高鳴る。ヘアメイクさんは回によって異なるけれど、これまで担当してくださった稲葉紀和さん、黒田優さん、tamagoさん、新山千佳さん、中逸あゆみさんは何度もご一緒しているからこその信頼がある。そこにカメラマンの田形千紘さんが加わり、コロコロ笑いながらシャッターを切ってくださるおかげで、緊張が解けて素のままでいられる。

当然、その場を設けてくださっているHanako編集部も素敵な方ばかり。見た目の美しさと中身のかっこよさを兼ね備えた荒川由貴子さん、「昔から見てた…？」とこちらが勘違いするほどよく気づいてくださる稲見悠夏さん、原稿の提出がいつもギリギリな私を見捨てずにお尻を叩いてくださる東海萌さん、いつも穏やかな小倉久さん、どんなにごちゃついてしまった文章でもうまく伝わるように疑問出しをくださる校正者の梶原晴美さんと菅原海大さんなどなど…。皆さんのおかげで、1週間書き忘れた日記を後日まとめて書くような私でも、コツコツと連載を続けられている。書いている間はひとりだけど、撮影で顔を合わせると元気が出る。しかもこの書籍全体のデザインを担当してくださったアートディレクターの本多康規さんは、書体やレイアウトを見ただけで私のことをものすごく調べてくださったのが分かる。こんなに恵まれた現場はなかなかないと思う。

でも実は、私が乃木坂46を卒業したのと同じ頃、編集部との橋渡しをしてくれていた小林さんも新たな道に進んだ。まもなくして、私も事務所を退所した。状況的に連載終了を告げられることも覚悟していたのだが、こうして今もHanako編集部の皆さんとご一緒させていただいている。そんな風に続いているお仕事がほかにもいくつかあるのは、各所のスタッフさんの優しさだけでなく、古巣の方々が尽力してくださったおかげだと思う。ご縁を繋げてくださり、本当にありがとうございました。万が一、食いっぱぐれたら取り崩そうと思っていた貯金、まだ手をつけずにやっていけています。そしてここまで書いてしまったので、最後まで包み隠さずに言います。購入してくださったあなたが読んでよかったと思えたかどうかが一番大事です。でも、それだけではなく、連載や書籍に関わってくださった皆さんに少しでも微笑んでもらえるように、感謝を込めて結果を残したいのです。今一番好きな言葉は「ラジオ聴いてます」と「重版出来」です。引き続きどうぞよろしくお願いいたします。

写真　田形千紘
安田光優（P.50〜53）
山根悠太郎（TRON／P.54〜59, 104〜109）

スタイリング　細沼ちえ

ヘア&メイク　新山千佳（P.1, 70〜97, 110〜111）
稲葉紀和（P.2〜3, 6〜25）
黒田 優（P.26〜41）
tamago（P.42〜49, 60〜67）
中逸あゆみ（P54〜59, 98〜109）

ライター　安里和哲（P.54〜59）／長嶺葉月（P.104〜109）

デザイン　本多康規（Cumu）

校正　TSSC

SPECIAL THANKS　木村綾子／植村祐也

山崎怜奈

やまざき・れな／1997年、東京都出身。慶應義塾大学を卒業後、2022年に乃木坂46を卒業。『山崎怜奈の誰かに話したかったこと。』（TOKYO FM）などでラジオパーソナリティを務めるほか、タクシー内新情報番組『HEADLIGHT』（GROWTH）、『ABEMA Prime』（ABEMA）、『ウェークアップ』（読売テレビ）、『クイズプレゼンバラエティー Qさま‼』（テレビ朝日）など多数の情報・教育番組にも出演中。歴史好きとしても知られており、著書に『歴史のじかん』（幻冬舎）がある。

趣味：勉強、ラジオを聴く、読書、ひとり旅
好きな食べ物：お蕎麦、焼き鳥

山崎怜奈の言葉のおすそわけ

KOTOBA no OSUSOWAKE from RENA YAMAZAKI

2023年3月16日　第1刷発行

著者　山崎怜奈

発行者　鉄尾周一
発行所　株式会社マガジンハウス
〒104-8003
東京都中央区銀座3-13-10
Hanako編集部　☎03-3545-7070
受注センター　☎049-275-1811
印刷・製本　大日本印刷株式会社

ISBN978-4-8387-3235-7　C0095

初出（P.6〜49／P.60〜103）
『Hanako Web』2021年8月6日〜2022年12月16日
単行本化にあたり一部修正いたしました。

マガジンハウスのホームページ
https://magazineworld.jp/